20.

Fátima Alves

INCLUSÃO

muitos olhares, vários caminhos e um grande desafio

4ª edição

wak editora
Rio de Janeiro
2009

Gerente Editorial: Alan Kardec Pereira
Editor: Waldir Pedro
Capa e Projeto Gráfico: WAK Editora

Dados Internacionais de Catalogação na Publicação (CIP)

A479i

Alves, Fátima
Inclusão: muitos olhares, vários caminhos e um grande desafio – 4. ed./Fátima Alves.– RJ: Wak Editora, 2009.
128 p.; 21cm

Inclui Bibliografia
ISBN 978-85-88081-78-9

1. Educação Inclusiva. 2. Crianças deficientes – Educação. I. Título

CDD - 371.952

2009

WAK EDITORA
Av. Nossa Senhora de Copacabana, 945 – sala 103
CEP 22060-000 - Rio de Janeiro - RJ - Brasil
Tel / (21) 3208-6113 / (21) 3208-6095
e mail: wakeditora@uol.com.br
Home Page : www.wakeditora.com.br

DEDICATÓRIA

Um dos principais objetivos deste livro, e que eu gostaria que fosse atingido, é a conscientização das pessoas e dos profissionais que trabalham com portadores de necessidades especiais para a continuidade da educação inclusiva mesmo para aqueles que já apresentam uma idade mais avançada.

Observo que pela própria estrutura do sistema ou por uma indevida formação dos profissionais que se dizem possuidores de conhecimentos plenos, os trabalhos com esses indivíduos muitas vezes é interrompido, causando prejuízos inestimáveis aos resultados já alcançados.

Tenho o prazer de conhecer e trabalhar com alguns profissionais que pensam como eu e são referências importantes. Faço questão de citá-los e a eles, dedico este livro.

Aos meus alunos da Educação Inclusiva, do Projeto "A Vez do Mestre", da UCAM-RJ, Campus Centro, Alicia, Aline, Ana Leite, Cátia Regina, Celeste, Claudia Valéria, Claudicéia, Edinalva, Eduvirges, Geovania, Giselle, Gláucia, Iolanda, Isabela, Josenaldo, Lecy, Lisiane, Luciene, Maria de Fátima, Marilia, Marilza, Marta, Paula, Vanessa, Virginia e até mesmo a Renata que não pôde continuar mas teve a ânsia e vontade de começar.

Aos outros alunos do Campus Tijuca, como Sônia Coimbra – Fisioterapeuta e professora de Educação Física; Shanon Lynn Wood Arteterapeuta e

Lenize Pinto da Silva – Fonoaudióloga (as três são minhas estagiárias) e Milton Silvestre G. Labanca – professor de Educação Física, especializado em Hidroginástica, todos cursando o curso de Pós-Graduação em Psicomotricidade do Projeto "A Vez do Mestre", da UCAM-RJ.

Aos meus colegas da Sociedade Pestalozzi do Brasil, Iara Márcia Reis de Santana – professora de Educação Especial; Nádia Pinheiro Mendes da Silva – Terapeuta Ocupacional e Joselito Anjos dos Santos – professor de carpintaria, e as minhas mães especiais: Maria, Dagmar, Quitéria, Isolda, Célia e Dulce.

As minhas colegas do Projeto "A Vez do Mestre", UCAM-RJ, Dina Lúcia Chaves Rocha – Psicóloga, especialista em Psicomotricidade e Orientação Vocacional; Mary Sue de Carvalho Pereira – Psicopedagoga, com formação em rítmo e movimento no CRADD (Centro de Referência e Apoio aos Distúrbios de Desenvolvimento) (www.cradd.org.br) e autora do livro "A Descoberta da Criança: Introdução a Educação Infantil"; Marta Relvas que trabalha com adolescentes hiperativos em uma escola na Barra da Tijuca, com objetivo para melhoria de vida, junto a uma equipe multi e interdisciplinar.

E não poderia deixar de incluir Claudia O. de Araújo Silva, supervisora do Projeto AVM que sempre me faz presente na didática da Psicomotricidade e a todos os meus queridos e prestativos amigos e funcionários do Projeto AVM, como Daiane (minha digitadora também), Daniela, Edna, Suzana, Marcos Severino, Suzana Costa, Alexandre, Marcos, Idelmar, Rosana, Érica e outros que não mencionados são sempre levados em consideração por mim.

Um agradecimento especial ao meu marido André sempre pela ajuda.

APRESENTAÇÃO

Há muito tempo tenho este livro em meu pensamento, contudo faltava alguma coisa para poder se concretizar. Foi bom, pois veio crescendo como um ser muito especial e é justamente sobre ele que desejo falar do ser especial.

Muitas vezes ao observar as pessoas, constato que se interiorizam demasiadamente, pois passam a expor menos suas idéias, talvez com receio de alguém copiá-las ou aprimorá-las.

O que percebi comigo foi exatamente o inverso, entendo que isso seja o caminho para a sabedoria e, para mim, é o mais importante. Esta sabedoria, que sempre achei estar longe, descubro agora que é fruto principalmente da troca de conhecimentos e de experiências.

Foi mediante as trocas que pude perceber o conhecimento e a vivência que adquiri e o quanto os outros podem me ensinar ainda mais.

É como se fosse uma receita culinária que se vai acrescentando ingredientes e formando, com um toque pessoal, um bolo que cresce sem percebermos, tornando-se uma guloseima saborosa e desejada de ser compartilhada com todos.

Espero que este livro seja assim, o gostoso prazer do paladar de um conhecimento apurado, de um sabor extremamente agradável e especial de crescer na sabedoria e de saber que estaremos juntos provando desta iguaria, numa troca simultânea de experiências.

A Autora

Fátima Alves é fonoaudióloga e psicomotricista. Foi supervisora de psicomotricidade da SPB/Brasil. É Sócio-Psicomotricista Ramain-Thiers. Atualmente é professora de Pós-Graduação em Psicomotricidade, Educação Psicomotora e Dinâmica de Grupo do Projeto "A Vez do Mestre" da Universidade Cândido Mendes – UCAM, do Rio de Janeiro. Mestranda em Ensino de Ciências da Saúde na UNIPLI-RJ.

Tem artigo publicado no livro Escola Competente e é autora dos livro Psicomotricidade: Corpo, Ação e Emoção e Para Entender Síndrome de Down e oranizadora do livro Como Aplicar a Psicomotricidade, todos publicados pela Wak Editora.

Coordena o grupo CAE – Psicomotricidade, onde realiza palestras, oficinas e *workshops*.

Uma mãe especial

Deus passeando sobre a Terra, seleciona seus instrumentos para a preservação da espécie humana com grande cuidado e deliberação. A medida em que vai observando, Ele manda os seus anjos fazerem anotações em um bloco gigante.

"Elizabete Souza...vai ter um menino. Santo protetor da mãe: São Mateus".

"Mariana Ribeiro...menina. Santa protetora da mãe: Santa Cecília".

"Claudia Antunes...esta terá gêmeos. Santo protetor...mande São Geraldo protegê-la. Ele esta acostumado com quantidade".

Finalmente Deus dita um nome a um dos anjos, sorri e diz: "Para esta, mande uma criança excepcional".

O anjo cheio de curiosidade pergunta: "Porque justamente ela Senhor? Ela é tão feliz." "Exatamente, responde Deus, sorrindo. Eu poderia confiar uma criança deficiente a uma mãe que não conhecesse o riso? Isto seria cruel!"

"Mas será que ela terá paciência suficiente?"

"Eu não quero que ela tenha paciência demais, senão ela vai acabar se afogando num mar de desespero e auto-compaixão. Quando o choque e a tristeza passarem, ela controlará a situação. Eu a estava observando hoje, ela tem um conhecimento de si mesma e um senso de independência, que são raros, e ao mesmo tempo, tão necessários para uma mãe. Veja a criança que vou confiar a ela, tem todo o seu mundo próprio".

"Ela tem que trazer esta criança para o mundo real e isto não vai ser nada fácil".

"Mas Senhor, eu acho que ela nem acredita em Deus!"
Deus sorri. "Isto não importa, dá-se um jeito.
Esta mãe é perfeita. Ela tem a dose exata
de egoísmo de que vai precisar".
O anjo engasga. "Egoísmo? Isto é uma virtude?" Deus balança a cabeça afirmativamente. "Se ela não for capaz de se separar da criança de vez em quando, ela não vai sobreviver. Sim, aqui está a mulher a quem eu vou abençoar com uma criança menos "perfeita" do que as outras. Ela ainda não tem consciência disto, mas ela será invejada". "Ela nunca vai considerar banal qualquer palavra pronunciada por seu filho. Por mais simples que seja um balbucio dessa criança, ela o receberá como um grande presente". "Nenhuma conquista da criança será vista por ela como corriqueira.
Quando a criança disser "MAMÃE" pela primeira vez
esta mulher será testemunha de um milagre
e saberá recebê-lo.
Quando ela mostrar uma árvore ou um por-do-sol ao seu filho e tentar ensiná-lo a repetir as palavras "árvore" e "sol", ela será capaz de enxergar minhas criacões como poucas pessoas são capazes de vê-las".
"Eu vou permitir que ela veja claramente as coisas que Eu vejo: ignorância, crueldade e preconceito. Então vou fazer com que ela seja mais forte do que tudo isso.
Ela nunca estará sozinha. Eu estarei a seu lado a cada minuto de cada dia de sua vida, porque ela estará fazendo meu trabalho e estará aqui ao meu lado".
E qual será o santo protetor desta mãe? Pergunta o anjo, com caneta na mão. Deus novamente sorri. "Nenhum! Basta que ela se olhe num espelho".
(Adaptação de "The Special Mother"
de Erma Bombeck)

SUMÁRIO

Introdução 11

1 - Incluir? 15

2 - A educação inclusiva facilitada pela educação e reeducação psicomotora 17

Psicomotricidade e Música 21

Método Dalcroze 22

Principais características Eurritmia 24

Alguns exercícios propostos em Dalcroze 25

3 - A Família 27

4 - O que uma equipe multiprofissional pode fazer por um portador de necessidade especial? 33

5 - Escola ou escola especial? 39

6 - A capacitação do professor 45

7 - As práticas educacionais usadas com os portadores de necessidades especiais 49

8 - Perfil do educador inclusivo 59

9 - Desenvolvimento neuropsicológico das crianças prematuras e pós-maturas.................61

10 - A sexualidade...65

11 - A educação inclusiva e a arteterapia: uma abordagem Junguiana..................................67

12 - A lei em vigor, está sendo respeitada?......79
A declaração de Salamanca...................90
A nova constituição para as crianças.......93
Estatuto da criança e do adolescente.......95

Conclusão...99

Anexos..101

Referências...107

Glossário..109

INTRODUÇÃO

Tudo começou repentinamente, comecei a me entrosar e interagir com as pessoas especiais e seus responsáveis. A apresentação a este universo ..... aconteceu mediante a introdução no trabalho de uma entidade ligada a este objetivo por uma colega, que lhe sou muito agradecida, a doutora psiquiatra Beatriz Gomes Benício da Fonseca.

Foram muitas histórias, muitos obstáculos a serem transpostos e eu, como fonoaudióloga, procurei me ampliar mais, achava que não tinha que ficar limitada ali, na fala, na linguagem oral, gestual, na comunicação, apenas ensinando o indivíduo a se comunicar com os outros, algo me compelia a fazer os outros se comunicarem com eles. Ensinar o outro, dito normal, a se comunicar com o ser especial não é tarefa difícil, basta não colocar obstáculos e isso torna-se prazeroso, à medida que os resultados frutificam e são facilmente percebidos.

No dia-a-dia do meu trabalho, pude constatar o quanto isso era e é possível e como há dificuldades de comunicação entre um ser e outro, normal ou não. O que se tem que facilitar é a comunicação entre as pessoas, principalmente aquelas que lidam com os seres especiais.

Com o estudo teórico e a experiência prática, permitida pelo meu trabalho, tive muitas possibilidades de aprimorar e mostrar as facilidades de se comunicar não só mediante a fala, mas também através do corpo, pois este é um instrumento muito importante para a comunicação e aí entra a ...Psicomotricidade, relatada em outro livro de minha autoria: Psicomotricidade - Corpo, Ação e Emoção, publicado pela Wak Editora.

Eu tenho dois filhos, Dafne e Mateus, lindos, inteligentes, saudáveis e atentos a tudo o que ocorre a sua volta e eles puderam me mostrar muita coisa. Se eu pude ensiná-los, porque não ensinar aos outros como lidar com as pessoas, sendo elas consideradas "normais" ou especiais.

Tive a oportunidade de ter grandes mestres e amigos que me ajudaram e influenciaram muito, como Solange Thiers, Elaine Thiers, Ângela Duarte, Elizabete Cerqueira, Maria Paula Raphael, Ana Maria, Lucília Lino de Paula, Gláucia Maria G. Ferreira, os meus alunos e ex-alunos da UCAM Tijuca, Centro e Niterói, que me foram de grande valia e fizeram aumentar ainda mais a minha caminhada. Além destes outros, como meus queridos colegas, profª Emília Maria M. Parentoni, profº Nilson Guedes (autor dos livros "Pedagogia do Amor" e "Escola Competente"), profª Diva Nereida (autora do livro "Ensinar Brincando: A aprendizagem pode ser uma grande brincadeira"), profº Vilson Sérgio de Carvalho (autor do livro "Educação Ambiental e Desenvolvimento Comunitário" e co-organizador do livro "Educação Ambiental Consciente"), profº José Jorge de Souza, profª Vera Agarez (autora do livro "Uma Escola muito Especial"), profª Maria Cristina Urrutigaray (autora do livro "Arteterapia – A transformação pessoal pelas imagens") , profª Eveline Carrano, profª Moema Quintanilha, a Glacir Zapata (diretora do Mais Cultura - Centro de Cultura e Artes), entre outros, muitos outros, além de ter participado de encontros extraordinários como o Primeiro Encontro de Sensibilização em Educação Inclusiva, no Município de Saquarema (1° ESEI), convidada por Rosa de Fátima Alves, então Secretária Municipal de Educação e Cultura. Aqui, acho que foi o meu grande e eterno encontro com quem realmente tenta interagir com o ser especial; tudo através de depoimentos de mães especiais, pois para mim são muito especiais, de trabalhos realizados com essas pessoas com algumas entidades, foi muito rico, proveitoso, educativo, favorecedor, grandioso e fabuloso.

Mas ainda existem as decepções, que de uma certa forma me ajudaram muito, pois devido a elas é que me empenhei e empenho mais ainda para mostrar, dizer, gritar se possível que tudo é válido, e que sempre tem alguma coisa a ser feito e mostrando para muitos que não só o ser especial é deficiente como muitos dizem, mas também o menor infrator, muitas vezes o idoso, que, ao meu ver, são também portadores de necessidade especiais. O abandono também é uma exclusão.

Mas nem tudo é decepção e tenho para mostrar alguns depoimentos que irão fortalecer esse nosso encontro e aprofundamento com os seres especiais, que são depoimentos também muito especiais.

CAPÍTULO 1

INCLUIR?

Abranger, compreender, envolver, implicar, acrescentar e somar. Portanto, que fique compreendido que qualquer indivíduo pode ser incluído, pois nós podemos e devemos envolvê-lo, implicá-lo, juntando-o a qualquer outro ser para somar o seu crescimento a ambos.

Para que possamos incluir, devemos respeitar e querer desenvolver o indivíduo em todos os aspectos dentro do processo de aprendizagem. Deve haver a inclusão social, respeitando a criança portadora de necessidades especiais, possibilitando-a da convivência com os indivíduos ditos normais, através de trocas, dando-lhes assim condições necessárias para a aprendizagem e o ajustamento social.

Devemos oferecer a estas crianças um ambiente saudável e mostrar, a todos, como eles devem contribuir para que não seja formado numa geração preconceituosa.

Não podemos entender nossas atitudes e nossos comportamentos para com os portadores de necessidades especiais apenas pelo estudo teórico e afetivo. Temos que ter uma grande sensibilidade, pois nossos valores quase sempre, direta ou indiretamente, afetam nosso comportamento para com este indivíduo e devemos perceber e trabalhar este comportamento.

Incluir, quer dizer que podemos deixar pertencer, adaptando-os em todos os aspectos, mostrando-os o que fazer, para que e com quem utilizar o seu corpo fazendo-o aprender através de atividades não só específicas, mas transformadas e adaptadas.

Não podemos esquecer o agrupamento do intelectual, físico, social e emocional e trabalhar conjuntamente, pois a idéia, a intenção, é ajudar este indivíduo, reconhecer, conhecer, socializar e se emocionar através do aprendizado.

Nós temos que mostrar a todos, que elas podem ser diferentes, mas não necessariamente precisam se sentir angustiadas, tristes por serem como são.

"Mais do que nunca, não podemos ficar de fora dos acontecimentos, precisamos entender o que significa a educação de inclusão, democrática, voltada ao desenvolvimento das potencialidades e habilidades da criança, e não para aquilo que o portador de necessidades especiais não consegue fazer". (1° ESEI)

CAPÍTULO 2

A EDUCAÇÃO INCLUSIVA FACILITADA PELA EDUCAÇÃO E REEDUCAÇÃO PSICOMOTORA

Educar psicomotoramente acontece em casa, no âmbito familiar, na escola, em sala de aula ou em qualquer outra atividade.

O aprendizado depende muito do desenvolvimento infantil desta criança, seja ela especial ou não.

Qualquer indivíduo tem a possibilidade de se educar.

A aquisição de habilidade motora acontece através da função de processos biológicos inatos, aspectos esses que foram argumentados e estudados por Arnold Gesell e Myrtla McGraw.

Portanto, quando o indivíduo tem alguma restrição, dificuldade, déficit ou comprometimento, esta habilidade motora não será restrita, mas terá um ritmo mais lento, contudo, de alguma forma, terá a possibilidade de conseguir ou alcançar alguma alteração.

Para uma boa educação psicomotora do indivíduo especial é necessário que haja uma compreensão geral dos processos de crescimento normais e normativos.

Iremos promover a educação, vamos transmitir conhecimentos e instruir como fazer.

Toda criança, todo ser tem uma capacidade

física, intelectual e moral, por menor que seja. Com base nisso, podemos processar através de medidas especificas atividades onde irão abranger as aprendizagens nos portadores de necessidades especiais.

A educação psicomotora como sempre coloco, é indispensável nas aprendizagens escolares e é por essa razão que não podemos deixar de lado a natureza da educação infantil deste individuo, pois a educação infantil acontece desde o nascimento e perdura por todos os momentos de sua vida. Havendo um déficit neste desenvolvimento existe a necessidade de se fazer à reeducação motora.

A reeducação psicomotora deve começar o mais cedo possível, assim que for captada a dificuldade. Através dela se abordam os problemas da motricidade e da emoção. É na reeducação que o indivíduo irá ser auxiliado nas múltiplas ações de adaptação à vida e se ele já assimilou sejam esquecidas e corrigidas.

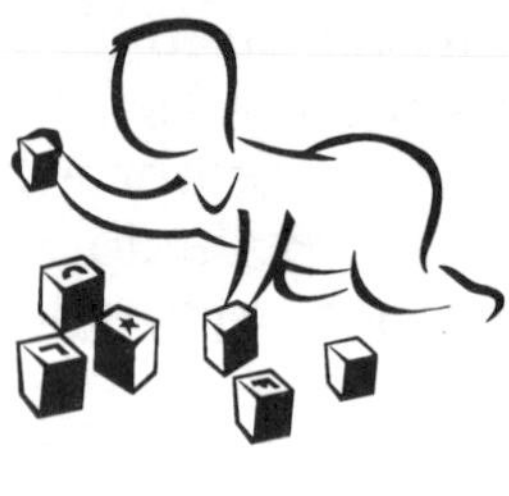

A reeducação na criança especial pode acontecer na variante de idades de 18 a 24 meses, quando muitas vezes é acusado um atraso motor, facilitando um bloqueio afetivo.

Essas idades mencionadas acontecem apenas quando não é percebido quando a criança parece nascer bem, sem nenhuma característica básica para se determinar alguma anomalia, como também muitos comprometidos podem ser sinalizados em idades que não serão comuns para as crianças ditas normais.

Existem muitas anomalias adquiridas após

um bom tempo de vida desta criança, no entanto, as idades citadas seriam as ideais para iniciar uma reeducação, contudo por falta de orientação da família, ocorre com muita freqüência termos que reeducar crianças com muito mais idade, às vezes até jovens adolescentes e adultos.

Mas existe a reeducação, e ela tem que ser estimulado pelo próprio profissional, pois mediante ele, a família passará a entender melhor como deverá interagir, interferir neste processo e assim o caminho será mais curto, pois todos trabalhando juntos facilitarão esse desenvolvimento, essa alteração benígna.

A reeducação fará e facilitará a criança especial, ou mesmo a dita normal, se tornar feliz na escola e na sociedade e porque não dizer na própria família.

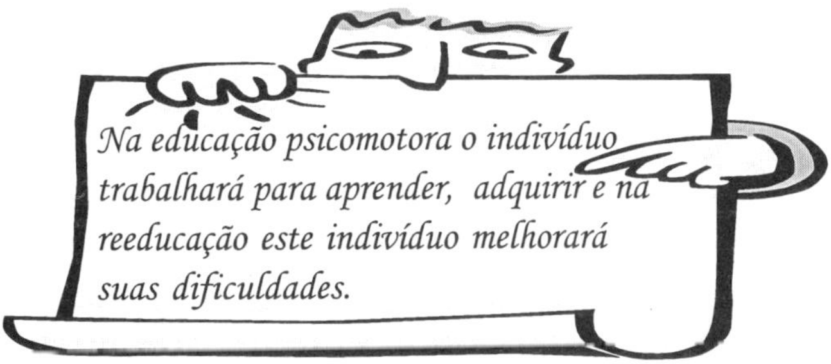

Dificuldades que virão através do atraso motor, dos déficits motores, facilitando o mau equilíbrio, a perturbação motora, a sensibilidade do esquema corporal, da lateralidade, da estruturação e orientação espaço-temporal e da sua afetividade. Esses indivíduos deverão ser submetidos a sessões de reeducação.

É muito importante que este indivíduo se sinta apoiado e ajudado e que não seja julgado por todos que o cercam, reforçando suas dificuldades.

Muitas vezes a reeducação será feita através de sessões individuais, isso dependendo do comprometimento do indivíduo, mas o profissional sempre deverá contar que este individualismo poderá ser trabalhado para fazer com que a pessoa venha pertencer a um grupo. Este grupo com certeza será formado mediante características básicas para se obter um bom funcionamento entre os membros que irão compô-lo.

Nada é menos importante num trabalho de reeducação, devemos sinalizar e nos preocupar com os mínimos detalhes, como: o local, que deverá ser amplo, aconchegante, sedutor, prazeroso, alegre, para que haja a estimulação deste indivíduo. É imprescindível que se determine à duração exata para cada sessão e a freqüência e, mais importante ainda, é não determinar o tempo de reeducar, para isto, devemos dizer aos responsáveis que este tempo dependerá muito da criança, da assiduidade e da família, deixando bem claro que não depende apenas do reeducador e que tudo varia conforme o caso.

Na reeducação tudo depende da natureza da perturbação, das origens, da faixa etária do indivíduo, como também dos vários fracassos que acontecerão. O indivíduo e sua família deverão estar cientes da existência e da propensão de um bom relacionamento entre eles e o reeducador.

O ideal para reeducar um ser, e principalmente especial, é que as sessões sejam divididas entre duas vezes por semana entre 45 minutos e 1 hora cada.

O treinamento físico e mental do indivíduo, deve trabalhar suas habilidades corporais, sociais, desenvolvendo sua independência e autonomia, fazendo despertar o interesse nessas habilidades, facilitando e proporcionando o saber. As atividades devem ter inicio, meio e fim para melhorar sua organização espacial, mental e social, dando-lhe a sensação de prazer, alegria e o significado de diversão, descobrindo suas preferências.

PSICOMOTRICIDADE E MÚSICA

A Psicomotricidade é fundamental no estudo e na realização musical.

O músico precisa incorporar as noções de pulso (tempo musical) e ritmo (diferentes durações do som ao longo do pulso). A noção da contagem de tempos dentro da musica precisa ser vivenciada corporalmente. Nas aulas de música procuramos trabalhar a leitura rítmica não só com a voz, mas principalmente com o corpo. A noção da marcação do tempo em diferentes velocidades, que em música chamamos "andamento", só é absorvida quando os alunos vivenciam com seu corpo, caminhando pela sala ou utilizando outros gestos com o objetivo de praticar a regularidade do tempo musical.

No estudo de um instrumento musical, a coordenação viso-motora é importantíssima na execução correta, da música dentro do pulso e dos movimentos certos para atingir a técnica perfeita. Coordenar os movimentos de maneira exata em ambas as mãos é essencial para a formação do instrumentista, daí a necessidade da dedicação ao estudo da técnica. Isso vale também para o regente (de Coro ou Orquestra) que com movimentos diferentes nas mãos, comandam sozinhos um grande numero de músicos.

O grande idealizador da "ponte" entre a Psicomotricidade e a música foi o pedagogo Suíço Émille Jaques-Dalcroze (1865-1950) que propôs o redimensionamento da educação musical através de um treinamento que une corpo e mente. Ele sugeriu a vivência corporal dos diferentes ritmos e representação corporal dos elementos musicais como: altura, ritmo, intensidade e timbre, denominando seu método de "Eurritmia" ou "Ginástica Rítmica". Os alunos são incentivados a responder prontamente com o corpo, aos ritmos executados ao piano.

Segundo Dalcroze, "ritmo é movimento" e "o movimento rítmico é a manifestação visível da consciência rítmica".

A metodologia Dalcroze, seguiu-se o aparecimento de vários outros métodos de educação musical baseados na vivência corporal. Vamos conhecer um pouco das propostas e objetivos de Dalcroze.

MÉTODO DALCROZE

Insatisfeito com a educação musical ensinada nas escolas primárias, secundárias e de música em sua época, este músico e pedagogo, Émille Jaques-Dalcroze, resolveu desenvolver seu próprio método de ensino, denominado por ele de "Eurritmia" ou "Ginástica Ritmica".

O objetivo geral era a realização expressiva do ritmo e sua vivência através de movimentos corporais. Os objetivos específicos eram: a expressão, equilíbrio e controle consciente dos movimentos do corpo; o desenvolvimento da concentração e coordenação do pensamento, reflexo e impulso; a expansão e comunicação.

Segundo ele, a educação musical deveria ser um treinamento que reintegrasse corpo e mente e por isso, ele propõe uma escuta consciente e um fazer musical com o uso do corpo.

O objetivo da "Eurritmia" era o aluno ser capaz de dizer que sente ao invés de dizer que sabe. Com este método, ele propunha a percepção rítmica através da sensibilidade para que se possa distinguir elementos musicais, tais como: melodia, harmonia, dinâmica, frase, compasso, relaxamento e tensão. Para isso eram necessários exercícios que despertassem os ritmos naturais do corpo e que desenvolvessem a memória, pois para Dalcroze, todo componente musical pode ser representado através do corpo, seja ele, altura, melodia ou intensidade.

A música tem um papel muito importante tanto na formação, na conscientização, na reabilitação, na vida de qualquer indivíduo.

Herbert Viana (vocalista do grupo musical Paralamas do Sucesso), por exemplo, quer agarrar a nova vida após seu acidente e está determinado a adaptar-se a sua nova condição, mostrando-se forte, tranqüilo e apoiado para retornar sua carreira e sua vida em família, e o que lhe ajuda é achar que a música lhe traz um brilho a cada dia.

Seu sonho de voltar a andar é claro e enquanto isto não acontece, ele busca adaptações para lidar com sua guitarra.

PRINCIPAIS CARACTERÍSTICAS DA EURRITMIA

Em primeiro lugar, a conscientização do ritmo natural e sua expressão, antes que se trabalhe os ritmos externos. Em segundo, estabelecer relações de espaço e tempo através da expressão corporal. Em terceiro, a criação de imagens rítmicas definidas na mente a partir da automatização dos ritmos corporais. Outra característica é a representação de componentes musicais como, timbre e altura, com o uso do corpo. E, por último, a capacitação para a criação própria e resposta à criação dos outros.

O professor tem papel fundamental durante a "Ginástica Rítmica". Ele deve ordenar e supervisionar os exercícios, evitando a repetição de músicas durante os mesmos. Segundo Dalcroze, a Eurritmia poderia se tornar uma agradável experiência que despertaria o desejo para outras atividades musicais.

A "PLÁSTICA ANIMADA"

É o outro ponto do trabalho de Dalcroze que começa com a Eurritmia e chega à subordinação do trabalho individual ao do grupo, resultando em modificações da resposta original a um determinado ritmo executado. Por exemplo, uma célula rítmica apresentada numa música, poderá ter várias maneiras de ser interpretada corporalmente pelo grupo. Até mesmo contrastes poderão existir na representação rítmica com o corpo, pois os elementos musicais não precisam ser mostrados ao pé da letra.

Podemos dizer que Dalcroze lançou uma inovação na arte de pensar a educação musical e seus objetivos, propondo a sensorialidade e sensibilidade de todo o corpo, direncionando-o para uma audição consciente.

ALGUNS EXERCÍCIOS PROPOSTOS EM DALCROZE

Os exercícios deveriam conduzir ao pronto atendimento à ordem de comando, onde o professor dirige todo grupo para uma resposta imediata com o corpo ao estímulo musical.

Fazia parte do Curso de Rítmica:

1) Exercícios de adaptação e flexibilidade de movimentos (reflexos e impulsos);

2) Exercícios de reação;

3) Técnica de movimento (controle de movimentos, respiração);

4) Exercícios de relaxamento (repouso, meditação);

5) Exercícios de construção (com ritmos pré estabelecidos);

6) Jogos de dança;

7) Improvisação.

Mais tarde, a Plástica Animada, os alunos passariam a representar os elementos musicais de diversas formas, permitindo-se uma resposta particular de cada aluno ao mesmo elemento.

Um exercício coletivo e visual utilizado nessa fase é o relativo ao estudo do movimento no espaço, onde os alunos trabalham com um elástico imaginário em suas mãos e tomam consciência das diversas durações de um som dentro do espaço de tempo.

Podemos perceber que, embora Dalcroze tenha redimensionado a educação musical com sua proposta metodológica, sua visão de ensino se complementaria com as propostas que viriam depois dele.

Colaboração de:

Virginia Moreira (Professora da Escola de musica Villa-lobos desde 1995; Pianista e violinista; Formada em Composição (Escola de Música da UFRJ) e Licenciatura em Música (Conservatório Brasileiro de Música).

CAPÍTULO 3

A FAMÍLIA

A chegada de um ser especial no âmbito familiar é muito diferente do que quando recebemos um ser denominado normal.

Conceber este ser é mais complicado ainda e a aceitação é muito difícil.

Tudo isto é complicado porque na maioria das vezes é o inesperado. Mas nós podemos fazer com que o esperado seja menos angustiante, triste, preocupante, mostrando a estes o quanto pode ser feito. Mesmo que seja muito pouco, alguma coisa pode ser feita.

A estrutura da família começa a ruir, comprometendo totalmente a sua dinâmica, fazendo com que o portador de necessidade especial não encontre o seu caminho e nem seu espaço.

Entre a negação e aceitação da deficiência há um longo caminho a ser percorrido.

A família tem que ser bem preparada para superar o choque, a perda da idealização deste filho, neto, sobrinho, irmão, pois a sensação dos pais é de puro fracasso na geração de um filho "defeituoso". O que tem que ser trabalhado de imediato é o vínculo afetivo que a família deverá ter com ele. De uma certa forma facilita quando a família se sente como pessoas capazes de entender a situação e que existem profissionais adequados e capazes, para fazer diminuir bloqueios e ansiedades.

Através de ações, os profissionais e a própria família passam a trocar experiências e conhecimentos entre si, fazendo assim a aproximação ficar mais atenuante e a própria mudança de olhar em relação ao ser especial fica diferente, despertando a importância da afetividade e da solidariedade.

Tem que haver uma compatibilidade entre a família e as pessoas que irão lidar com este ser, estabelecendo uma relação de confiança, de limites e acolhedora, com o intuito de envolver esta família em trabalhos satisfatórios mostrando que através destes trabalhos eles poderão ajudar outras famílias que estejam passando pelo mesmo problema.

Progressos existem, existirão, uns mais lentos outros dentro da normalidade.

A partir do momento que a família toma conhecimento de que deve existir um acompanhamento para este ser, ela também tem que se conscientizar que deverá se comprometer a cumprir todas as exigências necessárias para um bom funcionamento do quadro.

É imprescindível a participação dos pais, para que descubram como o trabalho é muito gratificante.

É de fundamental importância o trabalho conjunto entre a família e profissionais e também haverá sempre necessidade que essa família esteja presente em todos os momentos. A presença dela ajudará e muito na progressão, pois muitas vezes a família é o gancho que o profissional precisa para começar e poder terminar.

"Ser portador de necessidades especiais no

Brasil requer um fôlego invejável e uma participação ativa dos familiares na busca de alternativas para conviver com a deficiência" (Eliane Lemos Assumpção, 1° ESEI)

É muito importante que todos saibam:

"Um filho com deficiência nunca é desejado e, quando acontece, desperta sentimentos de perda, culpa, raiva, negação, vergonha, pena, medo e muitos outros. Ninguém está preparado para ser pai, mãe ou irmão de uma pessoa portadora de deficiência. Nem os médicos estão preparados para percebê-la, menos ainda, para dar a notícia de maneira adequada".

O mais adequado é dar a notícia ao casal preferencialmente após terem visto o bebê, ainda na maternidade. O obstetra tem que participar do momento e é bom que o bebê esteja presente para ser sentido.

A família vai passar por um processo com várias fases, desde o nascimento do filho especial, até que consigam se reorganizar.

Depois da conscientização da perda do filho imaginário e de sua existência, os familiares têm necessidades de estabelecer vínculos e acabam aceitando o diagnóstico e assim começam a reorganização para a busca da superação.

É muito importante ter a conscientização que para o médico também é um momento muito difícil, pois por muitas vezes ele fica constrangido, não sabendo como contar aos pais, quando se defronta com um recém-nascido, com suspeita diagnóstica, de alguma patologia ou síndrome.

Dependendo da maneira que se dá a notícia, pode-se criar uma série de conseqüências e uma delas é a rejeição dos pais à criança e deles acharem que não existe atendimento especializado para o bebê.

Não podemos esquecer Fernando Pessoa,

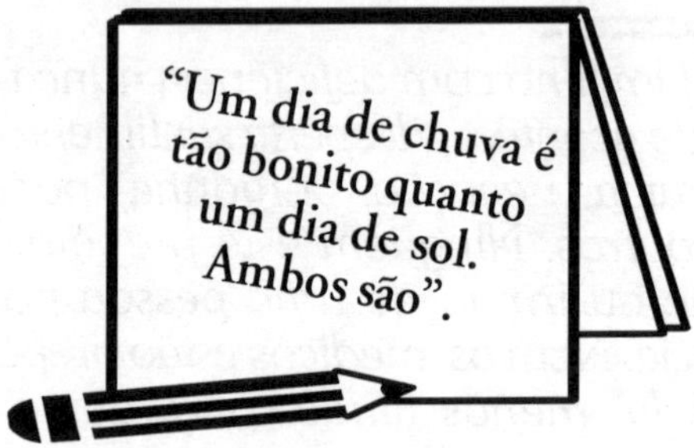

O MEU DEPOIMENTO...

Quando eu era pequena sempre quando me perguntavam o que gostaria de ser quando crescesse, respondia; professora, até porque naquela época acho que a maioria das crianças, principalmente as meninas, respondia, professora. Todavia, não deixava de acrescentar médica "também", pois no meu entender ser médica era para ajudar o meu pai, por ele ser surdo.

Hoje em dia, é tão diferente. Eu fui uma pessoa que lidou durante 33 anos com um portador de deficiência auditiva severa.

Acho eu, que já era a minha empreitada, lidar com este tipo de pessoa, pois me lembro muito bem, que a única pessoa que sabia se comunicar com ele era eu, através de gestos, leitura labial (pedia que olhasse para meus lábios), além de ter muita paciência. Também lembro-me, quando bem pequena, dele ir para o hospital operar o ouvido ou os ouvidos não sei, naquela época não se comentava muito sobre essa coisas com crianças, pelo menos na minha família isso acontecia.

Com o passar do tempo meu pai começou a usar aparelho e na minha memória fica bem claro que ele ouvia bem com ele e era muito engraçado, pois quando ele não queria ouvir era só desligar o aparelho, ele não era fácil.

A partir de minha adolescência, ele passou a usar óculos (pois precisava usar), com os aparelhos acoplados, era pesado. Era óculos comum, mas nas suas hastes ficam os aparelhos.

Quando chegou a época do vestibular, decidi fazer nutrição, mas não passei, foi quando tive a oportunidade de conhecer a Fonoaudiologia. Hoje sou Fonoaudióloga e fui me aprofundando, descobrindo, abrindo caminhos e me encontrei também na Psicomotricidade e o melhor de tudo, que meu sonho antigo não deixou de se realizar, ser professora e com isto posso passar, ensinar a todos aqueles que querem aprender, como lidar com o indivíduo dito normal, com dificuldades mas também com o ser especial.

Neste momento, ao fazer este depoimento me sinto muito especial, pois de alguma forma, mesmo sem ter noção do que teria que ser feito, eu fiz. Pude "falar" e deixá-lo responder e o melhor, ter calma para ouvir, e deixar acontecer à comunicação. As outras pessoas muitas vezes dependiam de mim para fazer essa comunicação.

Mas o melhor de tudo, é que isto aconteceu comigo e meu próprio pai. Hoje já não tenho mais o *meu pai para continuar as minhas "experiências", aprendendo mais e até ensinando-o coisas, habilidades novas, mas tenho certeza que de onde ele estiver deve estar orgulhoso pelo fato de estar me aprofundando e vendo que a minha intenção é cada vez mais, ajudar àquele que necessita receber o meu conhecimento e o principal, o quanto tenho prazer disso. Fazer a mesma coisa com outras pessoas ou mesmo facilitar a comunicação entre todos e esta é minha pequena contribuição.*

(Fátima Alves – a autora)

CAPÍTULO 4

O QUE UMA EQUIPE MULTIPROFISSIONAL PODE FAZER POR UM PORTADOR DE NECESSIDADE ESPECIAL?

Quando falamos de equipe multiprofissional, devemos ter certeza que existe um especialista de cada área para compô-la e deveremos ter muito cuidado para não esquecer de nenhum, dando a devida importância que cada um merece.

A Psicomotricidade irá facilitá-lo na organização funcional da conduta e da ação, mediante atividades de organização e conscientização do seu esquema corporal, estruturando e orientando o espaço-temporal, trabalhando a lateralidade e, desta forma, adaptando o indivíduo para uma melhor capacitação. Fazendo o indivíduo adquirir habilidades motoras mesmo que especiais.

Os profissionais de psicologia asseguram que não se deve ver o portador de necessidades especiais somente pelas suas dificuldades, suas defasagens, suas deficiências. Ele é um ser que pensa e, acima de tudo sente. Valorizar os seus sentimentos, desejos, sonhos, ambições é que se torna a valorização do ser por completo, iniciando desta forma a possibilidade de sua inclusão.

O professor do portador de necessidades especiais tem como objetivo trabalhar o indivíduo a ter independência, desempenhando através de tarefas tudo aquilo que as pessoas acham que não têm capacidade de realizar com êxito, com a finalidade de trabalhar a cognição, sua inteligência, que existe mas com um ritmo mais lento. (Iara Márcia Reis de Santana Pimenta – professora).

O terapeuta ocupacional trabalha o desenvolvimento motor, perceptivo, cognitivo, sensorial, dando independência nas atividades de vida diária, através da praticidade, levando em conta a necessidade e dificuldade que cada um enfrenta socialmente. Os responsáveis são orientados para a adaptação no mundo, mostrando que podem acompanhar as crianças ditas "normais". Os bebês são trabalhados através de estimulação, como preparação para ingressarem na escola, sinalizando sempre a necessidade do acompanhamento terapêutico paralelo. (Nádia Pinheiro Mendes da Silva – Terapeuta Ocupacional).

A carpintaria, como muitos podem não acreditar, tem uma finalidade fundamental, pois ela dá amparo profissional a cada um deles. Cada um trabalha dentro do seu ritmo e dificuldades e, particularmente, da sua maneira.

No começo todos são direcionados e instruídos e com o passar do tempo e dependendo das dificuldades começam a utilizar melhor os instrumentos e a forma de trabalhar moldando-a. A afetividade está sempre presente entre todos, basicamente o trabalho é realizado com muito amor.

Todas essas funções ajudam a inseri-los na sociedade mediante trabalho e com a orientação dos respectivos responsáveis. (Joselito Anjo dos Santos – Professor de carpintaria).

É através da anamnese que o fonoaudiólogo

começa a traçar diretrizes para trabalhar o desenvolvimento desta criança que encontra maiores dificuldades, portanto, este planejamento deverá ser muito mais elaborado em função do seu déficit. É necessário trabalhar a linguagem oral, gestual e escrita, assim como todas as outras áreas, para que venha a obter um melhor desempenho funcional dentro da sociedade. (Lenize Pinto da Silva – Fonoaudióloga).

O professor de educação física para portador de necessidades especiais também deveria exercer, de alguma forma, seu trabalho em escolas públicas, onde a carência de profissionais especializados e preparados para tais trabalhos é superior às normalmente encontradas nas instituições privadas, em virtude destas últimas não comportarem tais volumes de demanda que se encontram cada vez mais elevados. Desta maneira o profissional consegue ter um maior contato com situações diretamente ligadas à sua especialização e consegue demonstrar sua utilidade, permitindo também o seu desenvolvimento profissional.

Sua clientela é caracterizada por portadores de necessidades especiais e de deficiência de várias naturezas e níveis de comprometimentos.

O objetivo principal desenvolvido pelas atividades de educação física é o auxílio ao indivíduo na sua socialização.

A Fisioterapia no sentido da palavra traduz a idéia da terapia do corpo, como uma maneira de reabilitação ou prevenção.

Em todas as áreas fisioterápicas é necessário uma pré-avaliação em forma de anamnese onde se possa conhecer o paciente diante de suas queixas e aí sim preparar um plano de tratamento.

A Fisioterapia está diretamente relacionada com movimentos, expressões, emoções e linguagem. É quase que impossível, quer você esteja com um paciente ao leito ou ambulatorial ou mesmo na clínica, separar estes conceitos.

Antes de tudo a fisioterapia é relacional, não se faz um bom atendimento se não houver relação paciente-terapeuta, é preciso haver confiança mútua.

Não existe terapia sem o recurso das técnicas de estimulação, rítmo e exercícios.

A Fisioterapia está diretamente relacionada com a Psicomotricidade em suas intervenções com o intuito de restabelecer equilíbrio físico e emocional do paciente.

E ao reorganizar o corpo e estimular a mente ela ajuda a incluir o indivíduo tanto na área social como na pedagógica.

Na área social de maneira que ele possa se locomover e administrar suas atividades da vida diária (AVD), participando e sendo aceito pelo grupo.

Na área pedagógica utilizando de maneira lúdica os exercícios psicomotores levando a um melhor desenvolvimento intelectual.

Em qualquer terapia fisioterápica trabalha-se a percepção auditiva e visual, lateralidade, coordenação global e/ou fina, estrutura espacial e temporal e ritmo, os quais são fatores primordiais para o desenvolvimento da linguagem escrita.

Na reeducação postural a fisioterapia ajuda a melhorar a postura, a diminuição de tensões musculares, o desconforto, permitindo uma melhor concentração e proporcionando relaxamento, o que ao meu ver também são pontos primordiais para a aprendizagem.

Quando me refiro à inclusão social e pedagógica, me refiro também à inclusão do indivíduo consigo mesmo, a aceitação de suas dificuldades, a conscientização das suas capacidades atuais e a construção do desenvolvimento de suas habilidades.

Em Fisioterapia não se usam as palavras "nunca" ou "sempre", acreditamos no desenvolvimento do indivíduo a partir do momento que ele se relaciona com se "eu" e principalmente na Plasticidade Cerebral, onde tudo é possível.

Existem muitos outros profissionais que não citados aqui mas que contribuem de forma expressiva e importante no desenvolvimento do portador de necessidades especiais.

O que não podemos esquecer é que qualquer profissional tem a condição de realizar alguma coisa para incluir o indivíduo conforme sua capacidade, rítmo e função.

Vamos incluir e não excluir.

MEUS PAIS PORTADORES DE DEFICIÊNCIA AUDITIVA

O que a Psicomotricidade me ajudou em relação a meus pais que são portadores de deficiência auditiva?

Primeiro porque é uma ciência que estuda o homem através do corpo em movimento e segundo porque ajuda e muito no desenvolvimento de uma criança.

O interessante é que mesmo com a deficiência de meus pais, eles souberam como desenvolver os comportamentos motores, perceptivos quando eu era criança, dificuldades eu tive em relação a linguagem oral até porque aprendi o que minha mãe havia me ensinado mas quando entrei para a escola consegui me comunicar e expressar melhor.

Vejo em meus pais habilidades surpreendentes por serem deficientes do tipo: são inteligentes, apesar de surdos são bem comunicativos, esforçados, utilizam muito a expressão facial, corporal, têm percepção e até resolvem problemas sozinhos.

A Psicomotricidade ao meu ver ajuda muito uma criança no seu desenvolvimento, tanto as crianças denominadas "normais" e principalmente as crianças portadoras de necessidades especiais (PNEE).

(Paula Ramalho Camurate Fuly)

CAPÍTULO 5

ESCOLA OU ESCOLA ESPECIAL?

A escola necessariamente não deverá apresentar déficits quantitativos e qualitativos, até porque isto acarretará este déficit na educação, tirando o estímulo do próprio educador. Se este estímulo não acontece, o aluno com certeza será atingido. A desescolarização é a destruição da escola implantada.

A escola é o meio onde a criança retira recursos para atuar através das condutas educativas disponíveis a ele.

O ambiente escolar deve ser planejado e estruturado, pois é através deste método que o desenvolvimento infantil será promovido e terá um papel decisivo no futuro do indivíduo. Para que haja esse planejamento e estruturação adequada se faz necessária a ampliação do raio de abrangência da reflexão pedagógica.

É importante que haja uma grande reflexão no planejamento diante de todas as condutas realizadas na escola, como o espaço onde será realizada a atividade, a área que deverá ser ocupada, os materiais, instrumentos utilizados, os objetos colocados ao alcance das crianças, a disposição da mobília entre outros aspectos fundamentais para uma boa utilização da educação.

As interações sociais, a família interagir com a escola, as afetividades, a boa comunicação entre os personagens da escola e o aluno, a possibilidade de uma boa vivência social entre todos, tudo isso cria um desempenho importante na formação da personalidade da criança.

A escola inclusiva não é diferente, porque o seu papel será o mesmo, só vai depender de quem irá lidar com este aspecto.

Toda essa interação citada acima faz com que haja a inserção do portador de necessidade especial na convivência social. Esse portador busca através de seu desenvolvimento especial o exercício de sua cidadania.

Portanto o que resta, o que falta é preparar a escola e o educador para incluir nela e em sua concepção o aluno especial.

Temos por obrigação de lutar contra: a escola especial nas grandes cidades que ainda permanecem atendendo somente o ser especial dito educável e, mesmo assim, esses indivíduos não são devolvidos à sala de aula regular, é quando surgem as classes especiais e as salas de auxílios, que são muito bem vindas a partir do momento que tudo seja bem planejado e estruturado.

Conto com vocês, principalmente alunos das turmas de Educação Infantil e Especial e a atual Educação Inclusiva e mesmo aos alunos de Psicomotricidade e todos que desejam realmente aprender a saber lidar.

"Inclusão tem sido a palavra de ordem nas escolas. A idéia é integrar alunos especiais. O problema, que ainda persiste, é o preparo profissional dos professores, a fim de que possam oferecer a atenção também especial que estas crianças merecem" (Isa Spanghero Stocler e Zuleica O. de Felice – 1° ESEI)

RELATO SOBRE MINHA VIDA

Nasci na Fazenda Paraíso Município de Mogeiro, na Paraíba. Fui uma criança como todas as outras: brincava, corria, caía, andava a cavalo, montava até em bode, sem contar, também, nas costas do delegado (cachorro da família que se chamava Foquinho). Este nome, Delegado, foi dado pelo meu pai, pois, segundo ele, o Foquinho mandava na casa. Nem percebia que era uma criança "diferente" devido à deficiência visual. Só comecei a notar algo de diferente quando chegou a idade escolar. A minha irmã, que era um ano mais nova, foi matriculada na escola, o que não aconteceu comigo. Quando ela começou a freqüentar as aulas e a fazer os deveres de casa, eu ficava a prestar a atenção no que ela lia, dentro do quarto para que ninguém me visse, inclusive ela. Eu sentia muita vontade de estudar, e com isso, sentia uma grande tristeza, mas, para isso, era preciso que ficasse boa da vista para que meu sonho se realizasse. Enquanto isso, ia vivendo, com meus bichos e ouvindo rádio, que naquele momento era a minha escola e meu divertimento. Contudo, não era mais a criança de antes. A idéia que se tinha do cego, naquela época, era a do cego com uma caneca na mão, pedindo esmola para sobreviver, pois esta era a realidade dos cegos do lugar. Trabalhar, estudar, ser útil, nem pensar. O cego era visto como um coitadinho.

O casamento da minha irmã Teresa mudou o rumo da minha vida, pois ela veio para o Rio de Janeiro com o marido, direção que eu tomaria dois anos depois.

Chegando ao Rio de Janeiro, fui encaminhada pelo médico Oftalmologista para fazer um tratamento no Instituto Benjamin Constant, onde descobriu-se que não haveria possibilidade de recuperar a visão. O interessante, que após os testes médicos, fui encaminhada ao serviço social, onde foi dada uma relação de exames. Voltei para casa normalmente, e, já algum tempo depois, já no mês de abril, a minha irmã Elidia recebeu um telefonema que dizia que era para me levar, caso contrário, ia perder a vaga. Voltamos mais uma vez ao Instituto, e a minha família achava que era para algum tratamento. Fui com a roupa do corpo. Lá, me levaram à rouparia, onde recebi uniforme, roupas de cama. A distância da família, o que nunca havia acontecido, fazia com que eu chorasse demais. Primeiro deixaria minha mãe aos prantos no nordeste, agora me separava de todos para entrar numa instituição, que até o momento, para mim, era um hospital. Não me adaptei a nova situação. Diante da inadaptação, a tendência da minha família era que eu fosse retirada do colégio, agora todos já sabíamos que o Instituto era um colégio, pois todos achavam que aquela empreitada não levaria a lugar nenhum. Uma das minhas cunhadas dizia que aqueles pontinhos não serviriam de nada, mas, a assistente social aconselhou o trancamento da matrícula, o que foi feito. No ano seguinte, com 16 anos, eu retornava definitivamente ao Instituto, de onde só sairia com 27 anos com o segundo grau completo. Aqui, vale uma explicação: o Instituto Benjamin Constant é um colégio de primeiro grau, no entanto, naquela época, havia o que se chamava de bolsa, ou seja, o aluno terminava o primeiro grau mas continuava utilizando como suporte as dependências e vários recursos do colégio para fazer o segundo grau e até faculdade, fora.

Estudei no Instituto, especificamente, durante sete anos, período que não tive nenhuma dificuldade, pois o material era especializado. As dificuldades surgiram a partir do segundo grau, pois os professores não tinham nenhuma preparação nem costume para dar aulas para deficientes visuais. Justiça seja feita, mesmo sem preparação, alguns tinham boa vontade, o que compensava qualquer despreparo. Também tinha que contar com a boa vontade dos colegas e ledores (voluntários que liam no Instituto) para ter bom acesso ao material de aula e aos livros indicados. A faculdade não fugiu à regra, já que como no segundo grau, não havia material em Braille, o que fazia com que a dependência continuasse, ainda mais que não havia os recursos da informática, que através dos programas leitores de telas e similares, aumentaram bastante a independência.

Apesar da graduação em Letras (Português e Literatura) e curso de Francês pela Aliança Francesa, meu primeiro emprego foi como câmara escura (revelação de Raio X), depois de trabalhar muitas vezes de graça nos estágios para esta profissão. Em 1993, fiz o concurso para o magistério do Estado do Rio de janeiro, no qual fui aprovada, sendo chamada em 1994.

Minha primeira lotação foi no brizolão Paulo Pontes, em Éden, São João de Meriti, onde lecionei *para adolescentes de visão normal da sexta série ao primeiro ano do segundo grau. Havia grande dificuldade, pois tinha que levar o material pronto para que eles pudessem passar para o caderno, já que o quadro não era um dos meus instrumentos de trabalho. Mais tarde fui designada para o Colégio Estadual Jardim Meriti, onde fui trabalhar na classe especial, alfabetizando em Braille e dando suporte a alunos deficientes visuais incluídos, onde estou até hoje.*

O convívio com meus colegas do Instituto Benjamin Constant me deu muita bagagem para enfrentar os preconceitos causados pela diferença. Hoje me sinto uma profissional bastante realizada, pois posso auxiliar para que as pessoas como eu possam trilhar caminhos semelhantes. No entanto, acredito que posso muito mais.

(Ana Leite de Sousa)

CAPÍTULO 6

A CAPACITAÇÃO DO PROFESSOR

Tenho uma certa preocupação da inclusão do aluno especial em uma escola. Muitas vezes não pela escola, mas sim da capacitação do professor para lidar com este indivíduo.

Por lei ele deverá pertencer a uma escola. O sistema de uma certa forma tem que cumprir, mas não há uma preocupação na preparação do profissional que irá receber e lidar com o portador de necessidade especial.

O importante não é só capacitar o professor, mas também toda equipe de funcionários desta escola, já que o indivíduo não estará apenas dentro de sala de aula.

Da mesma forma, que o profissional que tem a função de transmitir o conhecimento para o portador de necessidade especial precisa ser sensível, qualquer outro funcionário pertencente (do quadro) desta escola deverá ter o mesmo comportamento. Cada um desempenhando seu papel junto a este indivíduo da melhor maneira possível e com bastante conscientização além do conhecimento.

Você tem a função de transmitir seus conhecimentos

Alguém tem por obrigação treinar estes profissionais. Não adianta cobrar sem dar subsídios suficientes para uma boa adaptação deste indivíduo na escola.

Esta preparação, com todos os profissionais serve para promover o progresso no sentido do estabelecimento de escolas inclusivas.

Aliás, a preparação deveria acontecer em todos os momentos e instâncias. A partir da qualificação do profissional ainda na universidade. E o MEC, por sua vez, deveria fornecer aos professores capacitação através de cursos específicos. Antes mesmo de o profissional tentar se especializar em alguma outra atividade ele deve se capacitar ou mesmo se preocupar em se capacitar para lidar com um ser especial.

Esse treinamento irá facilitar o conhecimento e habilidade na prática de ensino e uma melhor confiança do profissional quando tiver que lidar com este aspecto. Muito importante também, como já falei no capítulo III, é a família se sentir tranqüila sabendo que este indivíduo está em boas mãos, desde a professora, até os outros funcionários da escola.

Os professores devem ser estimulados a um crescimento profissional contínuo e nunca esquecer que pode ser um facilitador, embora seja sempre um docente.

O CEGO E A PSICOMOTRICIDADE

Examinando a minha própria experiência, verifico que as motricidades dos indivíduos com deficiência visual e das pessoas de visão normal começam de forma empírica e se equivalem. Esta conclusão tem base nos relatos da maioria (praticamente todos), dos deficientes visuais com os quais tenho contato e da minha própria vivência. Eles dão conta de uma vida em comum normal, brincadeiras idênticas e só a partir de um determinado momento da vida as diferenças se acentuam. Isto ocorre porque os indivíduos de visão normal, tendem a aprimorar a sua motricidade, pois uns vão aprendendo novos movimentos com os outros, tendo como sentido de entrada, exatamente a visão. Já os deficientes visuais, mais propriamente os cegos, por não contarem com este recurso, não acompanham os outros, tendo assim, sua motricidade diminuída ou modificada. Observando um cego e um "vidente"[1] conversando, podemos verificar que os gestos são diferentes, e, que muitas vezes, o cego nem gesticula. Muitos cegos, inclusive, têm a mania de conversar sem está voltado para seu interlocutor, já que o órgão utilizado por ele para captar as mensagens não está na parte frontal da face e sim na parte lateral, não se dando conta que este procedimento, muitas vezes, trabalha o parceiro que também usa o olho para interagir na comunicação. Isto ocorre porque os gestos não estão na sua linha de percepção e nem o movimento labial, enquanto o interlocutor está acostumado a repetir o que vê os outros fazerem. Um gesto feito por uma pessoa vai sendo repetido por outra, outra e mais outra e torna-se um gesto convencional na sociedade. Um exemplo disso é a dança, atividade na qual grande parte dos cegos encontram grandes dificuldades, ou seja, uma boa parte, se não a maioria, não sabe dançar, já que a dança é uma seqüência de movimentos que as pessoas aprendem através da imitação. Deve-se deixar bem claro que a ausência da visão não significa falta

[1] Palavra utilizada entre os cegos brasileiros para referirem-se aos que vêem. Em Portugal chamam monovisuais.

de observação. Por isso, o cego conhece as regras gerais da sociedade, não se comportando como descrito nas piadas. A piada é uma estória que tal é o seu absurdo que nos leva ao riso e não devem ser encaradas como uma verdade, o que muitas vezes parece ocorrer na sociedade levando ao preconceito. A dificuldade do cego está, exatamente, no detalhe.

Exatamente neste ponto está a importância da Psicomotricidade. Os profissionais interessados por esta matéria podem ser os ideais, para com seu estudo resolver ou amenizar vários problemas encontrados por deficientes visuais devido a movimentos realizados de forma errada. Isto pode ser desde a forma de manusear objetos, evitando grandes gastos de energia e acidentes, até a educação física ou a dança, proporcionando melhor inclusão na sociedade.

(Ana Leite de Sousa)

CAPÍTULO 7

AS PRÁTICAS EDUCACIONAIS USADAS COM OS PORTADORES DE NECESSIDADES ESPECIAIS

Primeiramente, é de fundamental importância de quem oferece a educação a este ser deverá ter uma filosofia de responsabilidade, examinando-o brevemente para ver a extensão do interesse por ele e dele para com a educação, ter um conceito democrático respeitando a noção proporcional de igualdade de oportunidades a cada um, independente de qualquer razão. É direito fundamental de todos esses indivíduos especiais e bem assegurados, a educação.

Valorizar o indivíduo sem tecer considerações de imediato, conhecendo ou não suas capacidades ou incapacidades. Isto tem que ser parte do núcleo sólido dos ensinamentos da educação inclusiva.

É bom sinalizar, que o empenho na educação especial é também um reflexo do interesse da sociedade, é justamente assim que podemos firmar que tão importante a educação inclusiva é a educação inclusiva social.

"A educação especial é proporcionada para aqueles de elevada capacidade mental, os quais, melhor dos que qualquer outros, estão dotados de uma aptidão singular para promover o bem-comum da sociedade"
(Educação de Excepcional – pg. 50)

A esperança da educação especial é de que cada indivíduo participará livremente dos aspectos sociais, religiosos, estéticos e científicos de sua cultura até os limites de sua capacidade.

Tem que haver um trabalho com a sociedade, a comunidade e o educador para se fazer à inclusão social antes de tudo, estabelecendo um programa educacional, proporcionando ao indivíduo especial, através de atitudes gerais e compreensões em ajustamento profissional futuro bem sucedido do princípio ao fim de sua idade adulta. Isto acontecendo, a escola estará pronta para aceitar outra responsabilidade importante.

Como ajustamento profissional futuro bem sucedido posso citar uma parte de uma importante reportagem feita por André Machado, no Caderno de Informática etc do Jornal O Globo de 30 de Junho de 2003.

"A Vida Renovada". Portadores de deficiência física vencem barreiras com Aurélio do PC; A vida antes e depois do computador e da internet, professora usa blog para informar, sobre deficiências; Softwares e acessibilidade na grande rede, dos kits da rede Saci aos projetos para deficientes visuais da IBM, há todo um universo a ser explorado.

Segundo a reportagem, atualmente, empresas e instituições estão cada vez mais ligadas no conceito de acessibilidade que visa prover ao deficiente físico meios para tomar contato com documentos e informações. A internet e software estão ajudando nisso. E o Brasil através de projetos está sendo pioneiro nesta área. O Núcleo de Computação Eletrônica desde março vem treinando deficientes físicos para inserí-los no mercado de trabalho, utilizando ferramentas criadas no próprio núcleo, como o Dosvox (para deficientes visuais) e o Motrix (para deficientes motores).

Este Núcleo já trabalha desde o século passado com os deficientes: "Dosvox era assim chamado porque na época só existia a plataforma DOS, e ele fazia a leitura (transcodificação) do que estava escrito na tela para linguagem auditiva, de modo que o deficiente visual interagindo com o computador. O Dosvox evoluiu e hoje já trabalha com Windows. Só não foi portado ainda para o Unix, mas isso já está sendo feito. Hoje, o Dosvox – usado por deficientes visuais, ao contrário de outros sistemas do gênero, não se limita a ler o que está na tela, procurando estabelecer um diálogo com o deficiente visual via interfaces e ferramentas específicas. E boa parte desse diálogo é feito com voz humana gravada, o que facilita ainda mais a interação. Compatível com a maioria dos sintetizadores de voz existentes. O passo seguinte foi criar um software voltado para paraplégicos e tetraplégicos, o Motrix e esse programa foi criado para funcionar da seguinte maneira: o usuário aciona o cursor do mouse e os programas do micro falando palavras-chave, como "pra cima", "pra baixo", "pra direita", "pra esquerda", "duplo clique", "conexão Internet" e assim por diante. Além disso, conectado a uma tomada especial, o Motrix permite ao tetraplégico, usando a voz, acender a luz, ligar a TV ou outro eletrodoméstico, trocar de canal, etc."

Este programa também pode ser acoplado ao software da IBM Via Voice.

De fato o uso do computador deve dar uma boa ajuda ao dia-a-dia do deficiente físico.

Segundo alguns deficientes foi através da Internet que retomaram o contato com pessoas com necessidades especiais e o interesse cresceu para assuntos relativos à deficiência, a luta pelos direitos, o preconceito e acessibilidade.

Existem dois kits da Rede Saci voltados para os deficientes visuais e motores, especialmente os que possuem alguma forma de paralisia cerebral. Para interagir com o computador, o indivíduo só precisa executar ações mínimas, como fechar os olhos, soprar ou mover um dedo.

É muito mais existente para a inclusão do portador de necessidades visuais no mundo do computador.

Associações e empresas têm seções na internet voltadas para indivíduos com necessidades especiais. Vale conferir esses endereços especiais:

ABRAS – www.acessibilidade.org.br/softwares.html
APPLE – www.apple.com/disability
DEFNET – www.defnet.org.br
DOSVOX – http://intervox.nce.ufrj.br/dosvox
DRA LENIRA LUNA – http://intervox.nce.ufrj.br/~lenira
HP – www.hp.com.br/acessibilidade/soft_def.html
IBM – http://www-3.ibm.com/able/
INSTITUTO BENJAMIN CONSTANT - www.ibcnet.org.br
JAWS – www.tij.com
KOLLER – www.koller.com.br/produtos.html
MARÉ (blog de Marcela Cálamo) http://tchela.blogspot.com
MICROSOFT – www.microsoft.com/enable
MOTRIX – http://intervox.nce.ufrj.br/motrix
NCE – www.nce.ufrj.br
REDE SACI – www.saci.org.br
TRACE CENTER – http://trace.wisc.edu/world/computer_access/multi/sharewar.htm
VIRTUAL VISION – www.micropower.com.br

O que não se deve permitir é que haja uma valorização política esquecendo assim o objetivo maior, que é incluir o excluído.

"As despesas de educação, cuidado e tratamento de crianças excepcionais, enquanto crianças, embora grandes, são bem menores do que o custo exigido para a manutenção por toda a existência destes deficitários, quando não são assistidos na infância, algo egoísta, mas de modo algum, o menos importante". (Educação de Excepcionais, pg. 50)

A sociedade a informação passou a fazer parte da vida das pessoas, então o computador é peça importante e fundamental.

Hoje o Brasil é um dos países onde mais se debate a questão da inclusão digital. A inclusão digital não se resume à quantidade de máquinas, mas sim de pessoas.

No governo eletrônico da prefeitura de São Paulo em Junho de 2001, teve início o projeto de telecentros em regiões periféricas da cidade, que buscam das oportunidades sociais por meio da inclusão digital.

Atualmente já existem alguns telecentros espalhados pela cidade de São Paulo, sendo um deles com acessibilidade total. (mais informações: www.cdi.org.br ou www.telecentros.sp.gov.br ou www.mec.gov.br)

APRENDENDO COM AS DIFERENÇAS

Nasci num lar onde já encontrei oito irmãos. Cresci ao lado de duas irmãs portadoras de baixa visão e já com cegueira noturna por doença congênita. Também, nossa irmã mais velha demonstrava atraso na marcha e na fala por falta de oxigenação ao nascer.

A família morava no sertão cearense, com dificuldades econômicas, assistência social e outras que dificultam o desenvolvimento básico dos filhos, principalmente os afetados na área da saúde.

Os filhos foram matriculados na escola. Iracilda e Edissa, com baixa visão e cegueira noturna queriam aprender a ler e escrever.

Iracilda era tratada como "ceguinha" e a Edissa como vidente, sofrendo incompreensões por não ser acreditada na sua deficiência visual.

Iracilda era mais protegida, porém mais tolhida por compreenderem suas impossibilidades no campo visual. Era mais tímida, menos comunicativa e demonstrava medo, ansiedade e insegurança. Na escola, foi aceita pelo grupo de alunos, porém a professora não permitia ajuda nas tarefas diárias e não concordava que ela deveria estudar por ser diferente na sua visão, dificultando assim nos métodos pedagógicos que excluíam-se completamente. Até a claridade do ambiente era desfavorável. E com apenas nove anos ouviu uma sentença tão cruel que até hoje repercute no seu interior, "Você é cega ignorante, e mais ignorante é seu pai que põe na escola uma filha cega". Seu ideal pelos estudos era muito forte e não desistia por nada. Quando cursava a 5ª série do antigo ginasial, perdeu a vista esquerda em conseqüência de fortes crises de Glaucoma sendo afastada da escola. Viveu oito anos em casa sem quase convívio social, da escola e outros. Diariamente ela aproveitava a claridade do sol pela janela e lia os livros que estavam ao seu dispor; ensinava as tarefas escolares aos seus irmãos mais jovens. Grande parte da adolescência foi prejudicada pela perda da visão esquerda (atualmente usa prótese), também pelo desconhecimento psicomotor e cognitivo. Sendo persistente, resolveu sair de sua terra para o Rio de janeiro em busca de soluções. Por estar com 21 anos não conseguir estudar interna no IBC (Instituto Benjamin Constant) cuja permissão seria até os 14 anos de idade. Resoluta, conseguiu estudar morando dois anos de favores, tomando duas conduções até o colégio, usando a bengala e sozinha. Jamais andou assim e não tinha tempo para um curso de Orientação e Mobilidade. Depois de tantos acertos e erros resolveram incluí-la como interna no IBC, onde terminou o antigo ginásio, fez cursos profissionalizantes e estudou o 2º grau como bolsista. Não podendo continuar no colégio, foi morar em casa alugada com sua irmã Edissa que também resolveu morar no Rio. As duas ganharam bolsa de estudos e cursaram pedagogia na Universidade Gama Filho.

Iracilda trabalhou 15 anos como operária na fábrica Souza Cruz. Hoje é funcionária do Município de Niterói (Rio de Janeiro) e exerce o cargo de Orientadora Educacional em uma escola. Com muito entusiasmo fala do seu trabalho, mais com pesar diz: "ainda presencio no ambiente escolar episódios tristes como os meus, que fazem calar várias crianças, conduzindo-as, muitas vezes, ao fracasso escolar".

A Edissa por não ser considerada "cega" foi mais privilegiada, conseguiu terminar seu antigo curso ginasial e mais tarde o curso de formação de professores. Sendo considerada "vidente" tinha que realizar tarefas dentro e fora da escola igual aos outros. Era destemida e vencia os obstáculos que se apresentavam no seu caminho e não se deixava abater pelas incompreensões e castigos. Trabalhou como professora, diretora e quando começou a perder o restante da sua visão enfrentou muitas discriminações e as portas foram fechando-se para ela. Foi quando resolveu ir ao encontro de sua irmã Iracilda no Rio de Janeiro. Estudou o Braille no Instituto Helen Keller e depois fez a faculdade de pedagogia.

Trabalhou em fábricas e teve oportunidades de

estágio em várias escolas especiais de educação, desenvolvendo seu cognitivo na área dos portadores de necessidades especiais educativas. Com muita relutância foi aceita como a primeira professora deficiente a ser aprovada no concurso público do Município do Rio de Janeiro e anos depois em Niterói. Cursou a faculdade de Psicologia onde foi perseguida pelos professores e pela direção da Instituição. Seus colegas uniram-se em sua defesa e ganharam o nome para a formatura de "turma Adrenalina". Por ocasião da colação de grau, a direção da faculdade reconheceu suas faltas e pediu perdão a Edissa, em público e declarou que a partir daquele momento a faculdade Maria Tereza abria as portas para os deficientes e estaria oferecendo o curso de Educação Física. Com muita emoção e aplausos a festa encerrou-se e as promessas foram cumpridas.

Hoje, Edissa é aposentada pelo Município do Rio de Janeiro tendo trabalhado vários anos como supervisora nas escolas desde o pré-escolar até a 8ª série do fundamental. Contribuiu para a formação de muitos professores, amigos e parentes. Trabalha em Niterói na Secretaria Municipal de Educação como Especialista na Coordenação de Educação Especial. Lançou o projeto Sala de Recursos para as escolas de Rede Municipal de Niterói tendo representado o seu Município durante um congresso em Cuba.

Edissa e Iracilda escureceram por completo na visão física, mas continuam clareando o caminho para muitos que pretendem incluir todos na escola da vida. Diante de tamanho desafio propus esquecer meus traumas emocionais aceitando o convite delas para morar no Rio de Janeiro com três filhos ainda adolescentes (1992).

Atualmente trabalho como professora da rede Estadual do Rio de Janeiro em CIEPs, cursei o Normal Superior e faço o curso de Pós-Graduação de Educação

Inclusiva na Universidade Candido Mendes do Projeto AVM. Tentei ingressar no curso de Braille oferecido pelo Instituto Benjamin Constant, fui impedida por ser em seis meses, horário integral, não sendo liberada pelo Estado, como direito por lei. Diante das dificuldades não posso desanimar porque elas contribuem para a aprendizagem.

Cursando a Pós de educação inclusiva, estudando sobre a Psicomotricidade, volto meu olhar e lembro também da querida irmã mais velha a "Edith" que só andou mais tarde e falou aos sete anos de idade. Por desconhecimento e problemas sociais sofreu sérios atrasos psicomotores dificultando sua aprendizagem na escola e futura exclusão por completo.

Não conseguiu continuar na escola pois sua fala era pouco compreendida. Porém ajudou bastante sua mãe e colaborou com a alfabetização de seus irmãos, com dons especiais de liderança no lar. Conhecia as quatro operações fundamentais da sua maneira e aplicava-se na vida diária fazendo lindos bordados, rendas, tricôs, crochês e labirintos. Sempre amável, não esquecia as datas importantes de seus queridos marcando-as no calendário familiar. Cultivou entre outras virtudes, a renúncia e o perdão ao próximo.

Edith continua morando no seu primeiro lar. Faz hidroginástica e é feliz com os amigos da academia e comenta sempre ao telefone sobre as festinhas do clube.

Também, um dos meus filhos nasceu com escoliose congênita e já na adolescência pôde melhorar bastante sua postura através de fisioterapias recomendadas pelo médico. Antes não houve acompanhamento terapêutico por parte do pediatra e das escolas por onde passou, por desconhecimento da necessidade.

Certo dia, enquanto trabalhava na sala de aula, caí fraturando o ombro esquerdo perdendo alguns *movimentos e a força do braço; tive que imobilizar e depois fazer fisioterapia. Então refleti como a prevenção é muito importante mais do que a reabilitação que é lenta e nem sempre alcança seus objetivos, e que outras vezes bem elaborada alcança êxito como na minha experiência.*

A escola precisa sofrer muitas modificações no sentido de melhorar a qualidade de ensino e promover uma aprendizagem mais significativa.

A formação e a capacitação docente deve ser uma das metas principais a ser alcançada na concretização do sistema educacional que inclua a todos, verdadeiramente.

O direito da pessoa à educação é proclamado pela política nacional de educação independentemente de gênero, etnia, idade ou classe social. Apesar dos esforços empreendidos, o número de excluídos do sistema educacional e sem possibilidades de acesso à escolarização é grande. Todos nós somos diferentes, mais iguais nos direitos e deveres perante a lei.

(Eduvirges Fragoso da Silva)

CAPÍTULO 8

PERFIL DO EDUCADOR INCLUSIVO

O educador inclusivo precisa ter uma clara preocupação do caminho que terá que percorrer para conseguir alcançar os objetivos.

Se preocupar com a sociedade mais justa e democrática, sabendo que assim ele poderá obter possibilidades e alternativas para praticar a educação.

Este educador tem que estar ciente que é de extrema importância, para o desenvolvimento humano, as condições para uma formação educativa, isto é essencial.

Ele tem que ser responsável para garantir ao indivíduo o direito à educação, não se preocupando apenas na transmissão de conhecimentos, mas também o afeto, o calor humano e oferecer uma escola e ensino de qualidade.

É importante se interessar e conhecer os procedimentos pedagógicos atuais para avaliar as mudanças necessárias de métodos e dos recursos específicos.

Tem que conhecer ou procurar se aprofundar na vida pessoal, no ambiente familiar destes indivíduos para que possa planejar as tarefas de ensinar, com mais profundidade e atenção, só assim irá ocorrer a transformação, por menor que seja.

Para que haja esta transformação se faz necessário que o educador tenha uma boa formação e procure sempre estudar e pesquisar para melhorá-la.

Este profissional deverá ter noção de ajustamento, correção e reabilitação e para isto é muito importante que promova sempre que necessário um atendimento multidisciplinar.

Para entender o que o indivíduo tem a dizer é importante que o educador saiba fazer isto

ESCUTAR

O educador deve ter a clara noção que, a partir do momento que escolheu lidar com a educação inclusiva, ele tem que ter a plena conscientização de seu sentimento de insegurança em relação ao conteúdo a ser trabalhado com os alunos.

É uma missão, uma tarefa, mas uma grande esperança e isso é o que o educador tem que ter.

> **"Ensinar inexiste sem aprender e vice-versa e foi aprendendo que, historicamente, mulheres e homens descobriram que era possível ensinar".**
> (Paulo Freire, 1997)

Segundo Henrique Dantas Carvalho, voluntário da APAE-SP, atuando no programa Momento da Notícia, **"Os profissionais devem perceber que eles podem ser o primeiro fator da inclusão ou não dessa criança".**

CAPÍTULO 9

O DESENVOLVIMENTO NEUROPSICOLÓGICO DAS CRIANÇAS PREMATURAS E PÓS-MATURAS

Do ponto de vista psicossocial a criança nascida a termo é uma criança prematura, na realidade, seu amadurecimento não está completo, pois está em vias de desenvolvimento. Sob o ponto de vista biológico, ela é considerada prematura porque nasce pesando 2.500g ou menos.

Segundo S. Saint-Anne Dargassies nos prematuros de 6 meses existem quase todos os reflexos primários, embora ainda imperfeitos, está presente a marcha automática, há hipotonia muscular e a atividade motora é rica e potente. Esse prematuro de seis meses prossegue sua autogênese; durante o primeiro trimestre, as modificações neurológicas serão em grande parte semelhantes às que deveriam ter ocorrido in útero.

Dargassies fala ainda, quando o prematuro alcança a sua época presumida de termo, está mais adiantado, sob o ponto de vista neurológico e psicomotor.

As pesquisas quanto a evolução dos prematuros mostram discordâncias entre diferentes autores. Alguns mostram-se relativamente otimistas e outros encontram uma alta percentagem de "anormais" na população de prematuros.

Segundo G. Wiener (1962), o prematuro tende a ter rituais de desenvolvimento mais lentos nos primeiros anos de vida e a estar limitado do ponto de vista que ocorrem progressos na educação dos prematuros, a freqüência dos distúrbios psicopatológicos tende a diminuir.

"Na idade pré-escolar de acordo com I. Lézine as curvas ponderais dos prematuros nascidos aos seis, sete e oito meses permanecem inferiores no primeiro ano de vida, em comparação com as curvas ponderais das crianças nascidas a termo. Os quocientes de desenvolvimento dos prematuros, obtidos entre 12 e 15 meses, são inferiores aos das crianças nascidas a termo. As meninas prematuras de seis meses recuperam o atraso inicial por volta dos quatro anos, enquanto os meninos permanecem em atraso até os cinco anos. As meninas e os meninos prematuros de sete e de oito meses recuperam o atraso no segundo ano. Segundo este mesmo autor, os casos de atraso são mais evidentes nos meninos do que nas meninas".

"Na idade escolar C. M. Drillien (1964) observa que no desenvolvimento intelectual só 9% apresentam Q.I. acima de 100; que mais de um terço do total não pode ser educado nas escolas normais, devido aos defeitos físicos ou mentais, ou a ambos; mais de um terço são crianças atrasadas nas classes normais e menos de um terço apresentam um desempenho escolar apropriado à sua idade".

É DIFÍCIL OBTER CONCLUSÕES GERAIS, POIS A EVOLUÇÃO DE UMA CRIANÇA PREMATURA DEPENDE DE NUMEROSOS FATORES, QUE NÃO PODEM SER VALORIZADAS POR DADOS ESTATÍSTICOS.

O cérebro frágil do prematuro pode ter sido afetado, em certos casos, durante a gravidez ou durante o parto e no período perinatal.

"Segundo L. O. Lubchenko e colaboradores demonstraram que existem relações estreitas entre o peso do nascimento e as dificuldades respiratórias e infecciosas do período neonatal. Segundo C. M. Drillien, as anomalias mentais e neurológicas resultam mais provavelmente de um distúrbio que tenha ocorrido na vida fetal, do que uma lesão ocorrida durante o parto".

Se discute os fatores ambientais, a falta de estimulação afetiva ou sensorial, o papel do meio sócio econômico desfavorecido.

Os problemas das crianças pós-maturas não é tão estudado quanto os das prematuras.

Segundo alguns autores existem dois tipos de gravidez prolongada: a fisiológica e a patológica. Na fisiológica a mulher daria a luz à criança forte, bem constituída e normal, ao contrário da segunda que seria um parto não processada no momento fisiológico, tornando-o patológico e a taxa de mortalidade extremamente elevada.

"Para C. M. Drillien, algumas crianças poderiam apresentar déficits neurológicos e uma limitação mental por anoxia intra-uterina, mas sabe-se também, que a pós-maturidade está igualmente associada a malformações congênitas; um distúrbio hormonal materno poderia ser a origem tanto da gravidez prolongada, quanto da malformação".

Segundo alguns trabalhos publicados as crianças portadoras de encefalopatia ou distúrbios do caráter, são atribuídos em alguns casos à pós-maturidade.

Existem inúmeros estudos, e um deles, diz que, na medida em que o pós-maturo consiga ultrapassar bem o limite dos dez primeiros dias, o seu futuro longínquo é bom. O nível intelectual é normal e nenhum distúrbio do comportamento parece estar relacionado à pós-maturidade.

A pós-maturidade provoca problemas biológicos, bem como problemas psicológicos.

CAPÍTULO 10

A SEXUALIDADE

A primeira coisa que se pensa, se há permissão do sexo entre as pessoas portadoras de necessidades especiais. Não podemos esquecer que esse portador pode ser não somente um deficiente, ele é cidadão com direitos e deveres, sonhos e teme por muita coisa, são homens e mulheres.

Todo indivíduo tem o seu desenvolvimento, uns mais rígidos, outros mais lentos, até porque cada um tem o seu ritmo próprio e o ser especial tem o seu ritmo e ele irá responder conforme sua maturidade neurológica.

Dentro desse desenvolvimento a sexualidade está presente, através da curiosidade vem o interesse e isso está dentro da normalidade, o que se faz necessário é orientar o que acontece tanto com a criança dita normal como o especial. O entendimento especial faz parte deste processo tanto para este ser quanto para sua família.

Existe um dilema muito grande em relação ao sexo, a permissão moral, pensando na reprodução, condenar ou desfrutar do prazer do sexo? A paixão existe pode existir sim, mas infelizmente o medo é mais intenso, mais forte. E esse medo vem através dos adultos, da família, dos responsáveis, dos pais e na maioria das vezes é por falta de informação, de orientação.

Se idealiza sempre perfeição e nunca a realidade de fato, de repente o nascimento do portador de deficiência.

A maternidade e a paternidade é um desejo de muitos, é um sentimento de cuidar de um outro ser semelhante a você. O "portador de necessidades especiais", pode viver esta experiência de diferentes modos, tanto como pai, mãe, irmão ou filho.

> ***"A pessoa portadora de deficiência tem o direito à maternidade e a paternidade, podendo ter filhos normais, já que uma seqüela física, sensorial ou motora, não necessariamente compromete sua capacidade de procriação, e nem tão pouco sua capacidade de amar e educar os filhos".***
>
> (Fabiano Pulhmam)

A História de Dan

Pergunto o que é amor?
Amei várias mulheres, sempre sonhei com elas. Mas isso não leva a lugar algum. Amo Laura (que entrou em sua vida para ajudá-lo nas tarefas escolares) e me importo com ela. Acho que ela sente o mesmo por mim. Mas é diferente. Sei que, com outro, já teria partido para o sexo. Minhas amigas dizem que um dia, vou encontrar alguém, mas me vejo como um velho se masturbando assistindo à filmes pornôs.

Dan Keplinger, que nasceu com paralisia cerebral e esse depoimento foi retirado do documentário "A história de Dan - o rei coragem".

CAPÍTULO 11

A EDUCAÇÃO INCLUSIVA E A ARTETERPIA: UMA ABORDAGEM JUNGUIANA

Texto de Maria Cristina Urrutigaray[1]

"A educação sempre foi um tema de fundamental importância para a vida humana; pois tanto promove o progresso da cultura e da humanidade, como também fornece meios para que o sujeito possa responder as suas questões e incertezas". (Urrutigaray, 2000, p. 8).

Sendo o ato de educar uma dimensão que implica no desenvolvimento humano e tem recebido, como resultado de debates de especialistas da atualidade, a concepção de ser uma seleção de princípios e categorias que emanam de outros campos de estudo, o presente artigo tem como finalidade abrir uma discussão entre os conceitos da Psicologia Analítica de Carl Gustav Jung, aplicados na exploração do inconsciente pela Arteterapia, e a análise das práticas inclusivas.

[1] Maria Cristina Fontes Urrutigaray : Psicóloga pela UFRJ, com especialização Clinica pelo Instituto Junguiano do Rio de Janeiro/ IBMR, e em Psicopedagogia pela Universidade de Havana- Cuba; mestre em Educação com ênfase em Psicopedagogia, pela Universidade de Havana – Cuba. Arteterapeuta, filiada à Associação Paulista e Brasileira de Arteterapia n° 076. Membro do Instituto Junguiano do Rio de Janeiro, como analista em treinamento, filiada à Associação Junguiana do Brasil e a IAAP, International Association for Analytical Psychology. Professora da UCAM, nos Cursos de Pós-graduação em Arteterapia, terapia de família e Psicopedagogia; da Universidade Estácio de Sá , nas graduações de Psicologia e Pedagogia; e da Universidade Veiga de Almeida, no curso de pós-graduação em Teoria e Terapia Junguiana. Autora do Livro : ARTETERAPIA – A Transformação Pessoal pelas Imagens.

Por inclusão temos a definição, segundo o Dicionário Brasileiro da Língua Portuguesa,(O Globo,1993; 419), "ato de incluir; abranger; inserir; envolver; introduzir; compreender".

A educação inclusiva tem portanto por definição a ação de promover de modo abrangente tanto o desenvolvimento humano, quanto à preservação e continuidade da cultura, envolvendo neste proceder todos os indivíduos em fase de formação de sua personalidade.

Desta feita, o conceito de Educar para a Inclusão estende-se para além das noções de que a compreensão e o envolvimento de educandos estejam unicamente voltados para àqueles portadores das chamadas "Dificuldades de Aprendizagem". Ou seja, que educar para a constituição de um País Nação, constituído por cidadãos cônscios de suas origens, contribuintes para o enriquecimento de sua cultura e costumes, sem deixar de se responsabilizar por seus atos e de poder realizar seus próprios sonhos e necessidades como pessoa; não fica restrito, apenas, ao grupo dos portadores de necessidades especiais, tais como os deficientes mentais, os deficientes sensoriais, os doentes mentais, como são classificados. Pois, por incrível que possa parecer, ao nomearmos como o grupo de portadores de necessidades especiais, já estamos, pela articulação lingüística, classificatória e lógica, incluindo-os no "Grupo dos não pertencentes" ou dos diferentes excluídos.....

Precisamos, primeiro, entender, para que haja realmente uma educação inclusiva, o conceito de dificuldade de aprendizagem como sendo os limites que todos nós temos, (portanto sem exceção e exclusão), de compreender, analisar, elaborar situações ou problemas que nos são apresentados.

Ser diferente é ser único, individual, pessoal. E supõe ser possuidor de faculdades, nas quais se incluem como competências às facilidades e as dificuldades. Estas são as potencias que cada individuo porta ao nascer.

Neste sentido, a Psicologia Analítica de Jung pode vir a contribuir já que este autor desenvolveu, entre outras temáticas, a tese dos tipos psicológicos, face aos modos costumeiros como todos nós apreendemos e nos colocamos no mundo. Segundo a mesma, a consciência se desenvolve a partir de quatro funções especificas. São elas: a sensação, o pensamento, a intuição e o sentimento.

A função **sensação** dota o individuo da capacidade de organizar a realidade objetiva, estabelecida por um vínculo entre a recepção sensorial e o ambiente interno ou externo do sujeito. Ela contribui funcionalmente como percepção concreta de objetos, pessoas ou fatos, mediante os cinco sentidos. Já a função **pensamento** desenvolve-se através da capacitação individual de nomear, classificar ou identificar as circunstâncias percebidas pela função anterior. Por ela consegue-se dar nome às coisas, ou conceituar. A **intuição** auxilia na constituição da consciência por portar a noção do tempo, relacionando a origem de um fato com seu destino. Como é uma percepção que não se utiliza dos cinco sentidos, ela trás a vivencia das possibilidades e probabilidades provenientes do inconsciente. O **sentimento** é uma função mais subjetiva, pois através de seu desenvolvimento o sujeito adquire a habilidade de atribuir valores aos acontecimentos vividos, dotando-os de sentido e significado pessoal. É a função que aporta à consciência uma visão mais profunda aos eventos ocorridos.

As quatro funções psicológicas e ordenadoras da consciência são opostas entre si, quanto ao tipo de exercício que efetuam, (racionais: pensamento/sentimento; e irracionais: sensação/ intuição), mas são, simultaneamente, complementares. O que significa que não estão dispostas na consciência no mesmo momento em que uma está em ação.

A constituição da personalidade, vista pela Teoria Analítica de Carl Gustav Jung, faz-se através da maneira pela qual a expressão da totalidade do homem tem espaço e campo para poder se manifestar. Citando Leonardo Boff,(1998, p. 9),:a titulo de exemplificação do pensamento desenvolvido, "A cabeça pensa a partir de onde os pés pisam. Para compreender, é essencial conhecer o lugar social de quem olha".

Logo, se a subjetividade só pode ser concebida em acordo a um processo de desenvolvimento pessoal referendado a um contexto, vemos que para o logro daquilo que Jung chamou de "processo de individuação", ou a criação de um individuo, engloba o fortalecimento de um ego, que se inicia na infância e continua na adolescência até a vida adulta, dirigindo-se a sua plena realização como pessoa. Fato que se desenvolve a partir da função psicológica por ele mais usada, em detrimento de sua oposta complementar, a qual fica, por ser menos utilizada, com seu desenvolvimento prejudicado, permanecendo mais inconsciente e primitiva no modo de exercer a sua função.

Jung considerou de grande importância a função dos pais e dos educadores como fator determinante no processo de crescimento e do amadurecimento da criança. Chegando, inclusive, a postular que Educar implica num estágio primário de se auto-educar, pois quem ainda não conseguiu sua auto-regulação não conseguirá educar os demais. Para esta consecução faz-se necessário a disponibilidade de manejar as quatro funções mais adequadamente, já que são elas as responsáveis pela organização e regulação das vivências, de suas significações e de suas prospecções.

Todos sabemos que, no processo educacional, encontram-se embutidas as influências do ambiente escolar, como as demandas educativas do aluno. A união destas duas variáveis constituir-se-á na questão psicopedagógica, como resposta da instituição face à criação de programas educativos que contemplem as dimensões psicológicas do aluno, no seu processo de individuação, criando estratégias facilitadoras da aprendizagem.

Pois, segundo o autor, o ato de pensar e a elaboração de conceitos, são de grande relevância na solução de conflitos psíquicos. Tomando-se por base o conceito de individuação de Jung,(o qual se refere ao processo pessoal e individual de auto-realização), a maneira pela qual a manifestação da atuação infantil se processa, requer como demanda uma profunda reflexão por parte do analista e, porque também não incluir a de um educador, já que este está voltado para a questão da aprendizagem[2]. A condução de uma prática orientada para o cliente deve dirigir-se no sentindo de uma profunda sensibilidade para com ele, de seu momento específico, em acordo com as situações que vão se apresentando tanto no consultório, se o agente for um terapeuta, quanto na escola, quando o facilitador for o professor.

[2] Aprendizagem é aqui definida como a mudança de atitudes e de comportamentos em função de novas representações significativas ao indivíduo.

A aplicação das noções das estruturas psíquicas que embasam a constituição da consciência, (sensação-intuição-pensamento e sentimento), na elaboração de programas e planejamentos de aulas, trazem a oportunidade de "zerar" o conceito de portadores de necessidades especiais ou de portadores de dificuldades de aprendizagem. Pois, sendo todos nós humanos portadores destes esquemas de ordenação de mundo, as práticas pedagógicas que se apóiam na instrumentação destes modos de "ver" o mundo, trazem a inclusão de todos os alunos. Já que todas as classes deverão contemplar todas as funções, porque em cada sala de aula teremos alunos mais desenvolvidos numa determinada função diferentemente dos demais colegas. É por isso que Boff acima se refere ao "lugar que alguém pisa" como sendo o modo de captar o mundo, segundo a utilização de sua função principal.

Assim, percebemos que o conceito de individuação também pode ser compreendido como um processo de aprendizagem, pois implica num modo de mudanças de atitudes e comportamentos, (tal como definimos aqui aprendizagem), estabelecidos no contexto social, e apreciado por uma sensação de realização concreta, ou de materialização, que favorece o desdobramento do desenvolvimento pessoal.

É nesta idéia de materialização de ideais, que a proposta da arteterapia encontra um viés aplicável também a pratica educativa. Através do uso de materiais expressivos, como o desenho, o canto, a dança, o teatro, a escultura, a pintura, etc..., as possibilidades de cada ser, adquirem um canal expressivo, pelo qual são articulados as categorias espaço e tempo adquirindo uma identificação, ou uma personificação, por se tornarem objetivadas e, portanto, reconhecidas e legitimadas.(Urrutigaray, 2003).

O educando consegue sentir-se aliviado das pressões sentidas pelas exigências dos programas educativos, porque o uso da arte faculta aos mesmos uma dimensão lúdica, simultaneamente que os confere um sentido, isto é, uma significação. E, também, porque esta prática o capacita o olhar para sua produção, exercitando as quatro funções, as quais lhe darão a possibilidade de estar no mundo de uma forma mais completa. A função sensação lhe dirá o estado de sua obra, o pensamento lhe trará o conceito, ou a abstração de sua representação, o sentimento lhe dirá o sentido valorativo que a imagem-forma lhe proporciona. E, a intuição relacionará esta forma executada com alguma lembrança vivida, associando-a com seu momento presente, já que é no aqui e agora que ela surgiu.

"Fazer arte implica diretamente em estimular as ordenações de idéias surgidas pela elaboração mental, como ação interativa entre fato e idéia implícita nele, produzindo o pensamento. Aquele que tem acesso à arte está tendo oportunidade de desenvolver ou de configurar habilidades, as quais são, por sua vez, reveladoras da estrutura intelectiva ou cognitiva de quem as realiza, assim como também de seus sentimentos, valores e ideais. Pois, uma imagem projetada no papel, ou numa escultura, ou num movimento do corpo, reflete a maneira pessoal de cada um relacionar-se, posicionar-se, de estar no mundo." (Urrutigaray, 2003, p. 28).

A formação de uma imagem – forma, com os recursos da arteterapia, como técnica expressiva, trás consigo, quando aplicada em consultório ou nas intervenções psicopedagógicas, as seguintes aquisições :

· a concretização de uma fantasia, ou imaginação acerca do assunto abordado;

· a passagem de uma operação mental sensorial e imediata para outra mais concreta e interiorizada;

· o desenvolvimento no aluno da receptividade às suas ações, sentimentos, informações, relações corporais, etc...;

· a possibilidade de uma representação formada ser identificada, nomeada e classificada, pela junção da função perceptiva e a cognitiva;

· o estabelecimento da linguagem como recurso de comunicação das atitudes e comportamentos internalizados;

· a construção do seu pensar pela interconexão destes dados pessoais conjugados na configuração estabelecida;

· o domínio do idioma como instrumento ordenador e organizador de uma estrutura psíquica superior - o pensamento -, de acordo com Vygostky.

Os recursos da arteterapia, como material de exploração do inconsciente, (ou daquilo que ainda não temos conhecimento), constituem-se numa das técnicas da psicoterapia Junguiana. Mas, como vimos no parágrafo anterior, podem ser perfeitamente aplicados aos programas pedagógicos, porque são, per se, práticas que visam às manifestações das potencialidades de todos nós. Constituindo-se em vivências que envolvem, abarcam, e incluem todas as nossas faculdades, sejam elas vistas como nossas dificuldades ou facilidades.

Se somente àquele que se educou cabe educar outrem, temos que a partir do recurso da utilização de materiais plásticos, a arteterapia pode contribuir, também, para a eliminação do fator exclusão, pela possibilidade de ser diferente não ficar mais camuflada nas noções de portadores de dificuldades de aprendizagem. As atitudes acima referidas, fruto das manifestações das estruturas da consciência, são indicadores de que a inclusão e pertencimento aos esquemas institucionais são cabíveis a todos os indivíduos. E cabe a cada um de nós entender melhor o nosso companheiro, amigo, aluno, para poder executar planos de aulas que contemplem a todos os tipos psicológicos.

E a utilização das técnicas expressivas pode configurar e auxiliar na construção dos conhecimentos, como também no desenvolvimento de uma consciência mais plena, por viabilizar um modo de olhar e compreender o mundo de forma mais completa.

Referências

BOFF, Leonardo. *A águia e a galinha*, uma metáfora da condição humana. Vozes: Petrópolis,1998.

JAFFÉ, Aniela. *O Mito do Significado*. SP: Cultrix, 1995.

JACOBY, Mario. *Junguian Psychoterapy and Contemporary Infant Research*. London: Routledge, 1999.

JUNG, C. G. *O Desenvolvimento da Personalidade*. Petrópolis: Vozes, 1981.

KALFF, Dora. *Sandplay,Califórnia.* Sigo Press,1980.

PIAGET, Jean. *Estúdios de Psicologia Genética.* Argentina: Emece, 1973.

SIDOLI,Mara & DAVIES, Miranda. *Junguian Child Psychoterapy.* London: Karnac Books, 1988.

URRUTIGARAY, Maria Cristina. *ARTETERAPIA* - A transformação pessoal pelas imagens. RJ: WAK, 2003.

_____________________. *El Proceso Educativo como Individuación*. Tese de mestrado, Universidade de Havana-Cuba: agosto, 2000.

WHITMONT, Edward. A Busca do Símbolo. Sp: Cultrix, 1995.

WINNICOTT, W. *Da Pediatria à Psicanálise*. SP: Imago, 2000.

A ARTETERAPIA E A PSICOMOTRICIDADE REVOLUCIONANDO MEU TRABALHO

Há mais de 20 anos após apresentar alterações de comportamento caracterizado por alucinações auditivas e visuais (ouvia vozes, via pessoas), delírios, fala e comportamentos desconexos, diminuição da vontade e do pragmatismo, empobrecimento efetivo e isolamento social, foi diagnosticado como esquizofrenia. Por todos estes anos fez tratamento psiquiátrico a base de medicamentos e internações.

Há aproximadamente um ano por recomendação de sua psiquiatra foi encaminhada para fazer sessões de Arteterapia comigo com o objetivo de uma elaboração das suas fantasias, pensamentos, sentimentos e vivências a fim de melhor integração no aparelho psíquico. Ao assumir esta cliente, seu cotidiano era assistir a televisão o dia inteiro ou ficar olhando para o espaço sem motivação, nenhum interesse para a casa e a família. Sua conversa era totalmente desconexa.

Aproveitando o aspecto não-verbal da Arteterapia, comecei a trabalhar expressões visuais relativas às vivências pessoais da cliente quanto a sua doença.

A mente do esquizofrênico é desorganizada e desagregada, as imagens feitas pela cliente no início do tratamento mostram o grau de desorganização, de "caos mental".

Em 2003, iniciei o curso de Especialização em Psicomotricidade e logo depois modifiquei minha assistência neste caso clínico incluindo exercícios de Psicomotricidade com o mesmo objetivo de organização psíquica e melhorar a reinserção social e familiar.

Entendi que a aplicação de jogos e projetos nas áreas de coordenação motora fina, óculo-visual, lateralidade e estrutura temporal seriam facilitadores para o objetivo da minha assistência.

Iniciei com a aplicação de jogos de quebra-cabeça, respeitando as regras a fim de trabalhar o aspecto forte da lateralidade, dando comandos para trabalhar da esquerda para a direita e sempre na horizontal. Depois, aproveitando o desejo da cliente em comunicar-se com a mãe, através de carta, que mora na Bahia, comecei a trabalhar a disgrafia e a coordenação motora-fina. Iniciei com o uso de caderno de caligrafia e depois para uma folha em branco para, finalmente, escrevermos a carta.

É importante lembrar que a esquizofrenia é uma doença que cursa com empobrecimento afetivo e do pensamento gerando graves prejuízos na performance social e familiar. O esquizofrênico parece ausente ou distante das relações interpessoais. Escrever uma carta para a mãe que mora longe é uma imensa conquista na área afetiva da minha cliente.

Algumas sessões foram dedicadas a leitura de contos de fadas em que trabalhei a estrutura temporal através de perguntas sobre cada conto a fazendo recontar os contos na ordem dos acontecimentos.

Sempre mantive-me atenta aos interesses da cliente procurando oferecer atividades que estimulava sua personalidade.

Um dado momento ela mostrou interesse por costura e bordado, as sessões seguintes foram costuras de almofadas decoradas com figuras em recortes de panos coloridos, botões e rendas. Após outras costuras começamos a bordar, sua agilidade e destreza manuais melhoraram muito. Sua compreensão das instruções dos projetos também melhorou.

Em casa também ocorreram significativas mudanças: interesse na cozinha, desde o início da *doença não cozinhava, atualmente pela manhã faz o café para família. Começou a pedir para visitar parentes, em breve irá encontrar-se com a mãe na Bahia. Expressou mais interesse pelos filhos e marido. Escreve cartas para a mãe expressando a felicidade da futura viagem e reencontro.*

Recentemente numa sessão em que solicitei a realização de um desenho, minha cliente desenhou três pinturas muito expressivas e bem diferentes dos outros anteriores.

Ainda hoje permaneço assistindo a esta cliente. Conjugar Arteterapia e Psicomotricidade revolucionou o meu trabalho. Objetivo: coordenar corpo e mente, sentimento e pensamento na busca de uma atividade criativa, expressiva e social adormecida num esquizofrênico.

(Shanon Lynn Wood – Arteterapeuta)

CAPÍTULO 12

A LEI EM VIGOR, ESTÁ SENDO RESPEITADA?

Pela Constituição Federal, 1988, Capitulo II, Seção I, art. 205, "a educação, direito de todos e dever do Estado e da família, será promovida e incentivada com a colaboração da sociedade". Por isso, este artigo já valeria para os deficientes. Além disso, o artigo 208, inciso III reassegura o atendimento educacional especializado aos portadores de deficiência, preferencialmente na rede regular de ensino.

Por último a Lei Federal 7853, D.O.U. 25.10.1989, dispõe sobre o apoio aos deficientes e sua integração social, definindo o preconceito como crime. Nesse sentido, nenhuma escola ou creche pode recusar, sem justa causa, o acesso do portador de necessidades especiais à instituição. A pena aos infratores é de um a quatro anos de prisão, além de multa.

O Presidente da República José Sarney decretou e sancionou a seguinte lei:
Art. 1°. Ficam estabelecidas normas gerais que asseguram o pleno exercício dos direitos individuais e sociais das pessoas portadoras de deficiência, e sua efetiva integração social, nos termos desta lei.
§ 1°. Na aplicação e interpretação desta lei, serão considerados os valores básicos da igualdade de tratamento e oportunidade, da justiça social, do respeito à dignidade da pessoa humana, do bem-estar, e outros, indicados na Constituição ou

justificados pelos princípios gerais de direito.
§ 2º. As normas desta lei visam garantir às pessoas portadoras de deficiência as ações governamentais necessárias ao seu cumprimento e das demais disposições constitucionais e legais que lhes concernem, afastadas as discriminações e os preconceitos de qualquer espécie, e entendida a matéria como obrigação nacional a cargo do Poder Público e da sociedade.
Art. 2º. Ao Poder Público e seus órgãos cabe assegurar às pessoas portadoras de deficiência o pleno exercício de seus direitos básicos, inclusive dos direitos à educação, à saúde, ao trabalho, ao lazer, à previdência social, ao amparo à infância e à maternidade, e de outros que, decorrentes da Constituição e das leis, propiciem seu bem-estar pessoal, social e econômico.
Parágrafo único. Para fim estabelecido no "caput" deste artigo, os órgãos e entidades da Administração Direta e Indireta devem dispensar, no âmbito de sua competência e finalidade, aos assuntos objetos desta lei, tratamento prioritário e adequado, tendente a viabilizar, sem prejuízo de outras, as seguintes medidas:

I - **Na área da educação;**

a) A inclusão, no sistema educacional, da Educação Especial como modalidade educativa que abranja a educação precoce, a pré-escolar, as de ensino fundamental e médio, a supletiva, a habilitação e a reabilitação profissionais, com currículos, etapas e exigências de diplomação próprios;
b) A inserção, no referido sistema educacional, das escolas especiais, privadas e públicas;
c) A oferta, obrigatória e gratuita, da Educação Especial em estabelecimentos públicos e de ensino;

d) O oferecimento obrigatório de programas de Educação Especial e nível pré-escolar, em unidades hospitalares e congêneres nas quais estejam internados, por prazo igual ou superior a 1 (um), educandos portadores de deficiências;
e) O acesso de alunos portadores de deficiência aos benefícios conferidos aos demais educandos, inclusive material escolar, merenda escolar e bolsas de estudo;
f) A matrícula compulsória em cursos regulares de estabelecimentos públicos e particulares de pessoas portadoras de deficiências capazes de integrarem no sistema regular de ensino.

II - **Na área da saúde;**

a) A promoção de ações preventivas, como as referentes ao planejamento familiar, ao aconselhamento genético, ao acompanhamento da gravidez, do parto e do puerpério, à nutrição da mulher e da criança, à identificação e ao controle da gestante e do feto de alto risco, à imunização, às doenças causadoras de deficiência;
b) O desenvolvimento de programas especiais de prevenção de acidentes do trabalho e de transito, e de tratamento adequado à suas vítimas;
c) A criação de uma rede de serviços especializados em reabilitação e habilitação;
d) A garantir de acesso das pessoas portadoras de deficiências aos estabelecimentos de saúde públicos e privados, e de seu adequado tratamento neles, sob normas técnicas e padrões de conduta apropriados;
e) A garantir de atendimento domiciliar de saúde ao deficiente grave não internado;
f) O desenvolvimento de programas de saúde voltados para as pessoas portadoras de deficiência,

desenvolvidos com a participação da sociedade e que lhes ensejem a integração social.

III - **Na área da formação profissional e do trabalho;**

a) O apoio governamental à formação profissional, à orientação profissional e a garantir de acesso aos serviços concernentes, inclusive aos cursos regulares voltados à formação profissional;
b) O empenho do Poder Público quanto ao surgimento e à manutenção de empregos, inclusive de tempo parcial, destinados às pessoas portadoras de deficiências que não tenham acesso aos empregos comuns;
c) A promoção de ações eficazes que propiciem a inserção, nos setores público e privado, de pessoas portadoras de deficiência;
d) A adoção de legislação específica que discipline a reserva de mercado de trabalho, em favor das pessoas portadoras de deficiência, nas entidades da Administração Pública e do setor privado, e que regularmente a organização de oficinas e congêneres integradas ao mercado de trabalho e a situação, nelas, das pessoas portadoras de deficiência.

IV - **Na área de recursos humanos;**

a) A formação de professores de nível médio para a Educação Especial, de técnicos de nível médio especializados na habilitação e reabilitação, e de instrutores para formação profissional;
b) A formação e qualificação de recursos humanos que, nas diversas áreas de conhecimento, inclusive de nível superior, atendam à demanda e às necessidades reais das pessoas portadoras de deficiência;

c) O incentivo à pesquisa e ao desenvolvimento tecnológico em todas as áreas do conhecimento relacionadas com a pessoa portadora de deficiência.

V - **Na área das edificações;**

a) A adoção e a afetiva execução de normas que garantam a funcionalidade das edificações e vias públicas, que evitem ou removam os óbices às pessoas portadoras de deficiência, permitam o acesso destas a edifícios, a logradouros e a meios de transporte.

Art 3°. As ações civis públicas destinadas à proteção de interesses coletivos ou difusos das pessoas portadoras de deficiência poderão ser propostas pelo Ministério Público, pela União, Estados, Municípios e Distrito Federal; por associação constituída há mais de 1 (um) ano, nos termos da lei civil, autarquia, empresa pública, fundação ou sociedade de economia mista que inclua, entre suas finalidades institucionais, a proteção das pessoas portadoras de deficiência.

§ 1°. Para instruir a inicial, o interesse poderá requerer às autoridades competentes as certidões e informações que julgar necessária.

§ 2°. As certidões e informações a que se refere o parágrafo anterior deverão ser fornecidas dentro de 15 (quinze) dias da entrega, sob recibo, dos respectivos requerimentos, e só poderão ser utilizadas para a instrução da ação civil.

§ 3°. Somente nos casos em que o interesse público, devidamente justificado, impuser sigilo, poderá ser negada certidão ou informação.

§ 4°. Ocorrendo a hipótese do parágrafo anterior, a ação poderá ser proposta desacompanhada das certidões ou informações negadas, cabendo ao Juiz, após apreciar os motivos do indeferimento, e, salvo, quando se tratar de razão de segurança nacional, requisitar umas e outras; feita a requisição, o processo correrá em segredo de justiça, que cessará com o trânsito em julgado da sentença.

§ 5°. Fica facultado aos demais legitimados ativos habilitarem-se como litisconsortes nas ações propostas por qualquer deles.

§ 6°. Em caso de desistência ou abandono da ação, qualquer dos co-legitimados pode assumir a titularidade ativa.

Art. 4°. A sentença terá eficácia de coisa julgada oponível erga omnes, exceto no caso de haver sido a ação julgada improcedente por deficiência de prova, hipótese em que qualquer legitimado poderá intentar outra ação com idêntico fundamento, valendo-se de nova prova.

§ 1°. A sentença que concluir pela carência ou pela improcedência da ação fica sujeita ao duplo grau de jurisdição, não produzindo efeito senão de confirmada pelo tribunal.

§ 2°. Das sentenças e decisões proferidas contra o autor da ação e suscetíveis de recursos, poderá recorrer qualquer legitimado ativo, inclusive o Ministério Público.

Art. 5°. O Ministério Público intervirá obrigatoriamente nas ações públicas, coletivas ou individuais, em que se discutam interesses relacionados a deficiência das pessoas.

Art. 6°. O Ministério Público poderá instaurar, sob sua presidência, inquérito civil, ou requisitar, de qualquer pessoa física ou jurídica, pública ou particular, certidões, informações, exames ou perícias, no prazo que assinalar, não inferior a 10 (dez) dias úteis.

§ 1°. Esgotadas as diligências, caso se convença o órgão do Ministério Público da inexistência de elementos para a propositura de ação civil, promoverá fundamentadamente o arquivamento do inquérito civil, ou das peças informativas. Neste caso, deverá remeter a reexame os autos e as respectivas peças, em 3 (três) dias, ao Conselho Superior do Ministério Público, que os examinará, deliberando a respeito, conforme dispuser seu Regimento.

§ 2°. Se a promoção do arquivamento for reformada, o Conselho Superior do Ministério Público designará desde logo outro órgão do Ministério Público para o ajuizamento da ação.

Art. 7°. Aplicam-se à ação pública prevista nesta lei, no que couber, os dispositivos da Lei n°. 7.347, de 24 de Julho de 1985

Art. 8°. Constitui crime punível com reclusão de 1 (um) a 4(quatro) anos e multa:

I – recusar, suspender, procrastinar, cancelar ou fazer cessar, sem justa causa, a inscrição de aluno em estabelecimento de ensino de qualquer curso ou grau, público ou privado, por motivos derivados da deficiência que porta;

II – obstar, sem justa causa, o acesso de alguém a qualquer cargo público, por motivos derivados de sua deficiência;

III – negar, sem justa causa, a alguém, por motivos derivados de sua deficiência, emprego ou trabalho;

IV – recusar, retardar ou dificultar internação ou deixar de prestar assistência médico-hospitalar e ambulatorial, quando possível, a pessoa portadora de deficiência;

V – deixar de cumprir, retardar ou frustrar, sem justo motivo, a execução de ordem judicial expedida na ação civil a que alude esta lei;

VI – recusar, retardar ou omitir dados técnicos indispensáveis à propositura da ação civil objeto desta lei, quando requisitados pelo Ministério Público.

Art. 9º. A Administração Pública Federal conferirá aos assuntos relativos às pessoas portadoras de deficiência tratamento prioritário e apropriado, para que lhes seja efetivamente ensejado o pleno exercício de seus direitos individuais e sociais, bem como sua completa integração social.

§ 1. Os assuntos a que alude este artigo serão objeto de ação, coordenada e integrada, dos órgãos da Administração Pública Federal, e incluir-se-ão em Política Nacional para Integração da Pessoa Portadora de Deficiência, na qual estejam compreendidos planos, programas e projetos sujeitos a prazos e objetivos determinados.

§ 2º. Ter-se-ão como integrantes da Administração Pública Federal, para os fins desta lei, além dos órgãos públicos, das autarquias, das empresas públicas e sociedades de economia mista, as respectivas subsidiárias e as fundações públicas.

Art. 10. A coordenação superior dos assuntos, ações governamentais e medidas, referentes às pessoas portadoras de deficiências, incumbirá a órgãos subordinados à Presidência da República, dotado de autonomia administrativa e financeira, ao qual serão destinados recursos orçamentários específicos.

Parágrafo único. A autoridade encarregada da coordenação superior mencionada no caput deste artigo caberá, principalmente, propor ao Presidente da República a Política Nacional para a Integração da Pessoa Portadora de Deficiência, seus planos, programas e projetos e cumprir as instruções superiores que lhes digam respeito, com a cooperação dos demais órgãos da Administração Pública Federal.

Art. 11. Fica reestruturada, como órgão autônomo, nos termos do artigo anterior, a Coordenadoria Nacional para Integração da Pessoa Portadora de Deficiência – CORDE.

§ 1º. (Vetado).

§ 2º. O Coordenador contará com 3 (três) Coordenadores-Adjuntos, 4 (quatro) Coordenadores de Programas e 8 (oito) Assessores, nomeados em comissão, sob indicação do titular da CORDE.

§ 3º. A CORDE terá, também, servidores titulares de Fundações de Assessoramento Superior – FAS e outros requisitados a órgãos e entidades da Administração Federal.

§ 4º. A CORDE poderá contratar, por tempo ou tarefa determinados, especialistas para atender necessidades temporária de excepciona interesse público.

Art. 12. Compete à CORDE:

I – Coordenar as ações governamentais e medidas que se refiram às pessoas portadoras de deficiência;

II – Elaborar os planos, programas e projetos subsumidos na Política Nacional para a Integração de Pessoa Portadora de Deficiência, bem como propor as providências necessárias a sua completa implantação e seu adequado desenvolvimento, inclusive as pertinentes a recursos e as de caráter legislativo;

III – Acompanhar e orientar a execução, pela Administração Pública Federal, dos planos, programas e projetos mencionados no inciso anterior;

IV – Manifestar-se sobre a adequação à Política Nacional para a Integração da Pessoa Portadora de Deficiência dos projetos federais a ela conexos, antes da liberação dos recursos respectivos;

V – manter, com os Estados, Municípios, Territórios, o Distrito Federal, e o Ministério Público, estreito relacionamento, objetivando a concorrência de ações destinadas à integração social das pessoas portadoras de deficiência;

VI – provocar a iniciativa do Ministério Público, ministrando-lhe informações sobre fatos que constituam objeto da ação civil de que trata esta lei, e indicando-lhes os elementos de convicção;
VII – emitir opinião sobre os acordos, contratos ou convênios firmados pelos demais órgãos da Administração Pública Federal, no âmbito da Política Nacional para a Integração da Pessoa Portadora de Deficiência;
VIII – promover e incentivar a divulgação e o debate das questões concernentes à pessoa portadora de deficiência, visando à conscientização da sociedade.
Parágrafo único. Na elaboração dos planos, programas e projetos a seu cargo, deverá a CORDE recolher, sempre que possível, a opinião das pessoas e entidades interessadas, bem como considerar a necessidade de efetivo apoio aos entes particulares voltados para integração social das pessoas portadoras de deficiência.
Art. 13. A CORDE contará com o assessoramento de órgão colegiado, o Conselho Consultivo da Coordenadoria Nacional para Integração da Pessoa Portadora de Deficiência.
§ 1º A composição e o funcionamento do Conselho Consultivo da CORDE serão disciplinados em ato do Poder Executivo. Incluir-se-ão no Conselho representantes de órgãos e de organizações ligados aos assuntos pertinentes as pessoas portadoras de deficiência, bem como representantes do Ministério Público Federal.
§ 2º. Compete ao Conselho Consultivo:
I – opinar sobre o desenvolvimento da Política Nacional para Integração da Pessoa Portadora de Deficiência;
II – apresentar sugestões para o encaminhamento dessa política;
III – responder a consultas formuladas pela CORDE.

§ 3º. O Conselho Consultivo reunir-se-á ordinariamente 1 (uma) vez por trimestre e, extraordinariamente, por iniciativa de 1/3 (um terço) de seus membros, mediante manifestação escrita, com antecedência de 10 (dez) dias, e deliberará por maioria de votos dos Conselheiros presentes.
§ 4º. Os integrantes do Conselho não perceberão qualquer vantagem pecuniária, salvo as seus cargos de origem, sendo considerados de relevância pública os seus serviços.
§ 5º. As despesas de locomoção e hospedagem dos Conselheiros, quando necessárias, serão asseguradas pela CORDE.
Art.14. (Vetado)
Art. 15. Para atendimento e fiel cumprimento do que dispõe esta lei, será reestruturada a Secretaria de Educação do Ministério da Educação, e serão instituídos, no Ministério do Trabalho, no Ministério da Saúde e no Ministério da Previdência e Assistência Social, órgãos encarregados da coordenação setorial dos assuntos concernentes às pessoas portadoras da deficiência.
Art. 16. O Poder Executivo adotará, nos 60 (sessenta) dias posteriores à vigência desta lei, as providências necessárias à reestruturação e ao regular funcionamento da CORDE, como aquelas decorrentes do artigo anterior.
Art. 17. Serão incluídas no censo demográfico de 1990, e nos subseqüentes, questões concernentes à problemática da pessoa portadora de deficiência, objetivando o conhecimento atualizado do número de pessoas portadoras de deficiência no País.
Art. 18. Os órgãos federais desenvolverão, no prazo de 12 (doze) meses contatos da publicação desta lei, as ações necessárias à efetiva implantação das medidas indicadas no artigo 2º desta lei.

Art. 19. Esta lei entra em vigor na data de sua publicação.
Art. 20. Revogam-se as disposições em contrário.
JOSÉ SARNEY – Presidente da República.

A DECLARAÇÃO DE SALAMANCA

De Princípios, Políticas e Práticas para as Necessidades Educativas Especiais

1. A presente Linha de Ação sobre Necessidades Educativas Especiais foi aprovada pela Conferencia Mundial sobre Necessidade Educativas Especiais, organizada pelo Governo da Espanha, em colaboração com a UNESCO, e realizada em Salamanca, no período de 7 a 10 de Junho de 1994. Seu objetivo foi definir a política e inspirar a ação dos governos, de organizações internacionais e nacionais de ajuda, de organizações não-governamentais e de outros organismos na aplicação da Declaração de Salamanca, de princípios, política e prática para as necessidades educativas especiais. A Linha de Ação inspira-se na experiência nacional dos países participantes e nas resoluções, recomendações e publicações do sistema das Nações Unidas e de outras organizações intergovernamentais, especialmente as Normas Uniformes sobre a Igualdade de Oportunidades para Pessoas com Deficiência[1]. Considerada também as propostas, diretrizes e recomendações formuladas pelos cinco seminários regionais preparatórios desta Conferência Mundial.

[1] Normas uniformes das Nações Unidas sobre a igualdade de oportunidades para as pessoas com deficiência. Resolução 48/96 aprovada pela Assembléia Geral das Nações Unidas, em sua 48ª Reunião, de 20 de dezembro de 1993.

2. O direito de toda criança à educação foi proclamado na Declaração de Direitos Humanos e ratificado na Declaração Mundial sobre Educação para Todos. Toda pessoa com deficiência tem o direito de manifestar seus desejos quanto a sua educação, na medida de sua capacidade de estar certa disso. Os pais têm o direito inerente de serem consultados sobre a forma de educação que melhor se ajuste às necessidades, circunstâncias e aspirações de seus filhos.

3. O princípio fundamental desta Linha de Ação é de que as escolas devem acolher todas as crianças, independentemente de suas condições físicas, intelectuais, sociais, emocionais, lingüísticas ou outras. Devem acolher crianças com deficiência e crianças bem dotadas; crianças que vivem nas ruas e que trabalham; crianças de populações distantes ou nômades; crianças de minorias lingüísticas, étnicas ou culturais e crianças de outros grupos ou zonas desfavorecidos ou marginalizados. Todas essas condições levantam uma série de desafios para os sistemas escolares. No contexto desta Linha de Ação, a expressão "necessidades educativas especiais" refere-se a todas as crianças e jovens cujas necessidades decorrem de sua capacidade ou de suas dificuldades de aprendizagem. Muitas crianças experimentam dificuldades de aprendizagem e têm, portanto, necessidades educativas especiais em algum momento de sua escolarização. As escolas têm que encontrar a maneira de educar com êxito todas as crianças, inclusive as com deficiências graves. É cada vez maior o consenso de que crianças e jovens com necessidades educativas especiais sejam incluídos nos planos de educação elaborados para a maioria

de meninos e meninas. Essa idéia levou ao conceito de escola integradora. O desafio que enfrentam as escolas integradoras é o de desenvolver uma pedagogia centralizada na criança, capaz de educar com sucesso todos os meninos e meninas, inclusive os que sofrem de deficiências graves. O mérito dessas escolas não está só na capacidade de dispensar educação de qualidade a todas as crianças; com sua criação, dá-se um passo muito importante para tentar mudar atitudes de discriminação, criar comunidades que acolham a todos e sociedades integradoras.

4. As necessidades educativas especiais incorporam os princípios já provados de uma pedagogia equilibrada que beneficia todas as crianças. Parte do princípio de que todas as diferenças humanas são normais e de que a aprendizagem deve, portanto, ajustar-se às necessidades de cada criança, em vez de cada criança se adaptar aos supostos princípios quanto ao ritmo e à natureza do processo educativo. Uma pedagogia centralizada na criança é positiva para todos as alunos e, conseqüentemente, para toda a sociedade. A experiência tem demonstrado que é possível reduzir e número de fracassos escolares e de repetições, algo muito comum em muitos sistemas educativos, e garantir um maior índice de êxito escolar. Uma pedagogia centralizada na criança pode contribuir para evitar o desperdício de recursos e a frustração de esperanças, conseqüências freqüentes da má qualidade do ensino e da mentalidade de que "o que é bom para um é bom para todos". As escolas que se centralizam na criança são, além disso, a base para a construção de uma sociedade centrada nas pessoas, que respeite tanto a dignidade como as diferenças de todos os seres humanos. Existe a

imperiosa necessidade de mudança da perspectiva social. Durante muito tempo, os problemas das pessoas com deficiência foram agravados por uma sociedade mutiladora que se fixava em sua incapacidade do que em seu potencial.

5. Esta Linha de Ação compreende as seguintes partes:

I. Novas idéias sobre as necessidades educativas especiais;
II. Diretrizes de ação no plano nacional;
A. Política e organização;
B. Fatores escolares;
C. Contratação e formação do pessoal docente;
D. Serviços externos de apoio;
E. Áreas prioritárias;
F. Participação da comunidade;
G. Recursos necessários;
III. Diretrizes de ação nos planos regional e internacional.

A NOVA CONSTITUIÇÃO PARA AS CRIANÇAS

Educação

- Todos têm direito de estudar. A educação é um dever do Estado e da família;
- Todos têm liberdade para aprender, ensinar e pesquisar;
- O ensino público é gratuito, ou seja, a escola pública é de graça;
- O governo tem obrigação de garantir:

a) O ensino fundamental obrigatório é gratuito;
b) Que o ensino de médio também possa ser obrigatório e gratuito;
c) Ensino especial para crianças com deficiência

física;
d) Creches e pré-primário para crianças de até 6 anos de idade;
e) Escola à noite para quem não pode estudar de dia;
f) Para os alunos de ensino fundamental, material escolar, transporte, alimentação e atendimento médico.
- O governo deve cuidar para que, no ensino do ensino fundamental, sejam respeitadas a cultura e a arte do país e de suas regiões;
- As escolas públicas podem ensinar religião. Mas não é obrigatório;
- O ensino fundamental deve ser em língua portuguesa, mas os índios podem também aprender em suas línguas;
- Do dinheiro que o governo (a União) consegue com os impostos, pelo menos 18% têm de ser gastos com a educação. Os Estados e os Municípios têm de usar com a educação pelo menos 25% do que recebem com os impostos que cobram;
- O dinheiro do Governo só pode ser usado com as escolas públicas. Mas escolas da comunidade religiosas ou filantrópicas podem receber ajuda do Governo em dinheiro, desde que não tenha lucro com o ensino;
- Escolas filantrópicas são aquelas que dão ensino por filantropia (amor à humanidade caridade). Ao contrário das escolas particulares, elas não cobram mensalidade aos alunos;
- Uma lei deve aprovar um plano nacional de educação, com quatro anos de duração, para:
a) Acabar com os analfabetos;
b) Dar escola para todos;
c) Melhorar a qualidade do ensino;
d) Formar os alunos também para o trabalho.
(A Nova Constituição para as Crianças, pg. 66)

ESTATUTO DA CRIANÇA E DO ADOLESCENTE

Cap. IV – Do direito à educação, à cultura, ao esporte e ao lazer.
Art. 53. A criança e o adolescente têm direito à educação, visando ao pleno desenvolvimento de sua pessoa, preparo para o exercício da cidadania e qualificação para o trabalho, assegurando-se-lhes:
I – Igualdade de condições para o acesso e permanência na escola;
II – Direito de ser respeitado por seus educadores;
III – Direito de contestar critérios avaliativos, podendo recorrer às instâncias escolares superiores;
IV – Direito de organização e participação em entidades estudantis;
V – Acesso a escola pública e gratuita próxima de sua residência.
PARÁGRAFO ÚNICO – É direito dos pais ou responsáveis ter ciência do processo pedagógico, bem como participar da definição das propostas educacionais.

Art. 54. é dever do estado assegurar à criança e ao adolescente:
I – Ensino fundamental, obrigatório e gratuito, inclusive para os que a ele não tiveram acesso na idade própria;
I – progressiva extensão da obrigatoriedade e gratuidade ao ensino médio;
III – Atendimento educacional especializado aos portadores de deficiência, preferencialmente na rede regular de ensino;
IV – Atendimento em creche e pré-escola às crianças de zero a seis anos de idade;

V – Acesso aos níveis mais elevados do ensino, da pesquisa e da criação artística, segundo a capacidade de cada um;
VI – Oferta de ensino noturno regular adequado às condições do adolescente trabalhador;
VII – Atendimento no ensino fundamental, através de programas suplementares de material-didático escolar, transporte, alimentação e assistência a saúde.
§ 1º - O acesso ao ensino obrigatório e gratuito é direito público subjetivo.
§ 2º - O não-oferecimento do ensino obrigatório pelo Poder Público ou sua oferta irregular importa responsabilidade da autoridade competente.
§ 3º - Compete ao Poder público recensear os educados no ensino fundamental, fazer-lhes a chamada e zelar, junto aos pais ou responsável, pela freqüência à escola.

Art. 55. Os pais ou responsável têm a obrigação de matricular seus filhos ou pupilos na rede regular de ensino

Art. 56. Os dirigentes de estabelecimentos de ensino fundamental comunicarão ao Conselho Tutelar os casos de:
I – Maus-tratos envolvendo seus alunos;
II – Reiteração de faltas injustificadas e de evasão escolar, esgotados os recursos escolares;
III – Elevados níveis de repetência.

Art. 57. O Poder Público estimulará pesquisas, experiências e novas propostas relativas a calendário, seriação, currículo, metodologia, didática e avaliação, com vistas à inserção de crianças e adolescentes excluídos do ensino fundamental obrigatório.

Art. 58. No processo educacional respeitar-se-ão os valores culturais, artísticos e históricos próprios do contexto social da criança e do adolescente, garantindo-se a estes a liberdade de a criação e o acesso às fontes de cultura.

Art. 59. Os Municípios, com apoio dos Estados e da União, estimularão e facilitarão e destinação de recursos e espaços para programações culturais, esportivas e de lazer voltadas para a infância e a juventude.

"Deficiência é uma questão de ponto de vista. Todos nós estamos expostos a um dia precisar lidar diretamente com a questão da deficência. No entanto, estamos inseridos em um meio que ainda não trata o assunto com o devido merecimento".

Herbet Vianna

"Não podemos esquecer que o portador de necessidades especiais não é apenas o deficiente mas também: os idosos, os menores de rua e todos aqueles que precisam de ajuda".

Fátima Alves

CONCLUSÃO

Melhorar, esperamos todos, ou quase todos, pelo menos aqueles que acreditam no seu potencial, naquelas poucas pessoas que lêem ainda, podem responder, dar, oferecer.

É uma tarefa difícil mas, não impossível, porém de fundamental importância para agilizar o processo de confiança e crédito da pessoa dita normal para com o ser especial. Conseguindo isso, fica muito fácil fazer com que as pessoas que lidam com esses seres terem mais credibilidade das suas capacidades.

Como por exemplo o que eles poderiam fazer quando se candidatam a gari? O estado está preparado para recebê-los? E se receber, o que fazer? Será que só 5% têm condição de fazer, produzir ou realizar alguma coisa? A área administrativa deseja recebê-los sem a preocupação de perder algum benefício?

O indivíduo dito normal tem que estar consciente que o portador de necessidades especiais tem toda a capacidade dentro do seu limite de realizar alguma coisa, de vencer obstáculos, superando os conceitos nesta sociedade que se diz tão perfeita e normal.

Nós, cidadãos, temos que nos conscientizar e resgatar o respeito e direitos e dar chances a cada um desses portadores de necessidades especiais, tendo a consciência de que somos preconceituosos e aniquiladores.

A Educação Inclusiva só será alcançada quando todos tiverem preparados para receber estes seres e também quando aqueles que se propuserem a trabalhá-los, saberem realmente como fazer.

Atualmente, tenho o dever de me preocupar com este aspecto. A minha intenção é de mostrar que cada um tem o seu lugar, só depende de quem pode determinar.

Nós, seres humanos, não precisamos esperar as leis para tomarmos providências, temos todos os poderes e deveres para tal. Façamos alguma coisa e, principalmente nós, que trabalhamos com corpo, temos os fundamentos e instrumentos para realizar a façanha. Façamos, conto com vocês.

ANEXOS

Existem muitas associações, instituições, hospitais, escolas, centros, cursos e pessoas com a finalidade de trabalhar o portador de necessidades especiais. Falando de esportes, educação, terapia e cultura, eu não poderia deixar de citá-los:

· CENTRINHO – que faz um trabalho em pacientes com casos de disfunções e más formações lábios-palatais. A partir deste diagnóstico, foi estabelecida uma estratégia para solucionar estes casos num sistema integrado de pesquisa cientifica com atendimento multidisciplinar, que pudesse dar assistência às crianças e suas famílias, e também preparar profissionais de múltiplas especialidades. A Instituição é reconhecida hoje mundialmente. Ela completou no ano de 2002, 35 anos de existência. O centro era conhecido como "Centrinho-USP" e em 1973 foi institucionalizado como: Centro Interdepartamental da FOB/USP". Na década de 80, a instituição foi o primeiro hospital universitário do Estado de São Paulo, a firmar convênio com o então INAMPS, hoje SUS, para prestação de assistência especial e integral aos portadores de malformações faciais. O Centrinho-USP se localiza na cidade de Bauru-SP.

· A profissão de Estenotipista oferece muitas possibilidades de atuação. O estenotipista é o profissional que capta um depoimento, discurso, debate ou mesmo uma simples conversa e transcreve na mesma velocidade em que é falado, simultaneamente. Para que se interessar em obter mais informações sobre o curso de Estenotipia entre em contato com Steno do Brasil através dos telefones: São Paulo (11) 3746-9190; Brasília (61) 223-4724; Região Sul (51) 3328-5278. Para entidades que queiram oferecer treinamento em suas sedes, há condições especiais, através de Wagner Médici no telefone (11) 3746-9190.

· Rede Sarah de Hospital do Aparelho Locomotor – é uma instituição pública, mantida com recursos aprovados pelo Congresso Nacional dentro do orçamento da União. A rede nasceu em Brasília e conta, hoje com unidades em Salvador, São Luis, Belo Horizonte, Fortaleza e Rio de Janeiro. Procuram aliar uma abordagem humanística a um atendimento de alta qualidade com tecnológico necessário.

Programa IOT (Organização Internacional do Trabalho) – a coordenadora do programa OIT para PPDs, Bárbara Murray está sempre avaliando o processo de inclusão e recomenda mais investimentos em capacitação, discute a implementação do Código de Práticas e propostas para ações relativas à proteção dos direitos e aplicação da legislação nacional, à educação e capacitação profissional e à integração ao mercado de trabalho. Escritório da OIT em Brasília, telefone (61) 426-01000, site: www.oit.org/brasilia

· CVI – Centros de Vida Independente, constituem organizações compostas por pessoas com ou sem deficiência. A missão e o objetivo é proporcionar, através do desenvolvimento das potencialidades de cada um, a melhoria da qualidade de vida. Os serviços oferecidos à sociedade vão desde informações sobre deficiências, recursos comunitários e tecnologia assertiva até assistência para transporte, acessibilidade arquitetônica, educação e empregabilidade. Existem atualmente vários CVI. Até Maio de 2004 está sediado em Maringá-PR, endereço: Avenida Colombo, nº 5790 – UEM (CAP) – Maringá-PR – cep: 87020-900 – telefone/fax: (44) 263-8310
e-mail: sec-cvi@uem.br

· O Clube da Boa Leitura (CBL) foi fundado pelo professor cego Benno Arno MArquadt em Janeiro de 1970 e, mais tarde, em 1974 transformou-se em uma entidade filantrópica, sem fins lucrativos – uma sociedade civil reconhecida.

Seu objetivo primeiro é incrementar entre os deficientes visuais a cultura através da boa leitura, por meio da audição de fitas cassetes gravadas.

O CBL é, então uma biblioteca de livros gravados em fitas para empréstimos a seus sócios – deficientes visuais.

Todo o trabalho, desenvolvido é feito por voluntários. Há dois tipos de atividades: a de atendimento aos sócios que vão à sua sede pegar livros e a dos ledores que gravam os livros em suas residências.

O CBL tem cerca de 3.000 títulos em seu catálogo gravados em cerca de 30.000 fitas cassetes. Esses livros são organizados em caixas de mais ou menos, 20 fitas.

O número de fitas de cada livro varia de acordo com seu tamanho. Por exemplo: a bíblia completa – Antigo e Novo Testamento ocupam 5 caixas com 98 fitas gravadas.

Os voluntários do CBL são cerca de 60 pessoas, sendo que a maior parte pertence ao grupo de atendentes.

Os sócios são em números de 400, de todo o Brasil. Do Rio e Grande Rio são 300 e o restante de todos os Estados do Brasil. Temos, também, como associadas algumas bibliotecas de cidades e/ou Estados como por exemplo: Joinville, Curitiba, Belo Horizonte, João Pessoa, Uberlândia, etc.

Os sócios do correio recebem suas cartas através do sistema gratuito de franquia – CECOGRAMA.

O CBL se mantém com a contribuição voluntária de sócios e de pessoas que fazem doações. As fitas utilizadas nas gravações são também recebidas como doação e vem de São Paulo.

O CBL funciona à Rua São Salvador, nº 56 em Laranjeiras em um espaço cedido pela Prefeitura do Município do Rio de Janeiro. – Presidente Ocirema Alves.

· AACD (Associação de Apoio a Criança Deficiente)
www.aacd.org.br
telefone: (11) 5576-0777

· DMR (Divisão de Medicina e Reabilitação)
www.hcnet.usp.br
telefone: (11) 5549-0111

· Fórmula Academia, de São Paulo, iniciou um projeto pioneiro entre os estabelecimentos do gênero com o Programa Mão na Roda. E existe o PPP

(Projeto Próximo Passo), que se instalou na Fórmula. www.formulaacademia.com.br
telefone: (11) 3094-3100

· DEAFA (Departamento de estudos da Atividade Física Adaptada) – UNICAMP
telefone: (19) 3788-6616

· Mais Cultura (Centro de Cultura e Artes)
Rua Andrade Neves, nº 305 – Tijuca – RJ
cep: 20.510-230 – telefone: (21) 3238-3936

· O CRADD (Centro de Referência e Apoio aos Distúrbios de Desenvolvimento)
www.cradd.org.br

· Escola de natação Brilho D'Água (natação com portadores de deficiência)
Responsáveis: Eduardo Raphael e
Maria Paula Raphael
Rua Heitor Beltrão, nº 14 - Tijuca - RJ

· Eveline Carrano e o Grupo Caminharte oferecem cursos de formações e atendimentos na Oficina de Artes e Terapia.
Rua Pinto Guedes, nº 114 – Tijuca - RJ
cep: 20.270-290
Telefones: (21) 2208-6547 / 2288-7305
Site: www.arteseterapias.hpg.com.br
e-mail: evelinecarrano@ig.com.br

· Fabiano Puhlman é Psicoterapeuta especialista em Psicologia Hospitalar da reabilitação pela Secretaria de Saúde do Estado; em Sexualidade pelo Instituto H. Ellis; em Integração Social de Pessoas Deficientes pela Universidade de

Salamanca-Espanha; coordenador do serviço de Psicologia da IBNI; membro do corpo docente dos cursos de Pós-graduação do SBRASH e Faculdade de Medicinas do ABC.
e-mail: ibnipuhl@uol.com.br

· Sociedade Beneficiente de Anchieta
e-mail: sba@domain.com.br
telefones: (21) 2455-6953 / 2455-3513 / 3339-1171

· Instituto Véras – Entidade Civil Filantrópica sem Fins Lucrativos de Utilidade Pública
Site: veras@org.br
e-mail: veras@infolink.com.br
telefone: (21) 2539-1991 / fax: (21) 2539-1997

· Sociedade Pestalozzi do Brasil
Rua Visconde de Niterói, nº 1450 - Mangueira – Rio de Janeiro - RJ

· Associação de Paralisia Cerebral do Brasil
Rua Álvaro Alvim, nº 37, sala 60 – Cinelândia – Rio de Janeiro - RJ
e-mail: apcb@apcb.org.br

· Lúcia Pereira Baptista, Bacharel em música, sócio psicomotricista Ramain-Thiers, psicóloga em formação. Fundadora e diretora do Icen (Instituto Capixaba do Estudos Neuropsicomotora). Trabalha com distúrbios de aprendizagem e supervisão de professores da FAESA - Vitória - ES.

. IBDD - Instituto Brasileiro de Defesa dos Direitos da Pessoa Portadora de Deficiência, Rua Arthur Bernardes 26 loja A - Catete - Rio de Janeiro - RJ Cep 22220-070 - Telefax (21) 2557-6990
www.ibdd.org.br ; *e-mail*: ibdd@ibdd.org.br

REFERÊNCIAS

AJUARIAGUERRA. *Manual de Psiquiatria Infantil*. Masson, 1983.

BELISÁRIO, José Ferreira Filho. *Inclusão: Uma Revolução na Saúde*. RJ: WVA.

BUENO, Francisco da Silveira. *Dicionário Escolar na Língua Portuguesa*. 6.ª ed. Ministério da Educação e Cultura.

CARNEIRO, Orlando e CAVALCANTI, Inês Carneiro. *A Nova Constituição para as Crianças*. Apoio: SEERJ e BANERJ.

GALVÃO, Izabel. Henri Wallon. *Uma Concepção Dialética do Desenvolvimento Infantil*. RJ: Editora Vozes.

GESELL, A. *Infancy and Human Growth*. New York: Macmillan, 1928.

GESELL, A. e THOMPSON, M. *Infant Behavior*: Its Genesis and Growth". New York: Mc. Grawhill, 1934.

INIS – Instituto Nacional de Inclusão Social da Pessoa com Deficiência – SP.

Johnson, Crwckshank, Costallat, Barnard, Erickson. *Educação de Excepcionais*. SP: Editora Globo, 2. ed., 1982.

Lei Federal 8.609/1990. *Estatuto da Criança e do Adolescente*. CMD CARJ – Prefeitura Rio – Desenvolvimento Social.

LUBCHENKO,L.O.; HONER, F.A.; HIX, I.E.Jr; HASSEL, L.; COHIG, E.; ELIOT, H. *Development of Premature Infants of Low birth Weight*: Evoluation at ten Years of age. Am. J. Dischild, 1962.

McGraw, M. B. Growth. *A Study of Johnny and Jimmy*. New York: Appleton Century, 1935.

REGEN, Mina e colaboradores. *Uma Creche em busca da Inclusão*. SP: Memnon, 1998.

Revista Nacional de Reabilitação – CeG – Comunicação e Marketing S/C Ltda.

ROUCEK, Joseph (coordenador) Coletânea de estudos. *A Criança Excepcional*. 2ª ed. IBRASA (Instituição Brasileira de Difusão Cultural, S.A – São Paulo).

WEBSITEGRAFIA

www.aureaeditora.com.br
(Sentidos – Áurea Editora – SP)
www.revistareabilitacao.com.br

GLOSSÁRIO

Para quem lida ou pretende lidar com o portador de necessidades especiais, será importante saber o significado de algumas palavras.

AFASIA – Perda da capacidade de usar ou compreender a linguagem oral. Está usualmente associada com um traumatismo ou anormalidade do sistema nervoso central. Utilizam-se várias classificações tais como afasia expressiva e receptiva, congênita e adquirida.

AFETIVIDADE – Área das emoções e dos sentimentos relacionados com as modificações do vivido corporal e com o meio.

AGRAFIA – Impossibilidade de escrever e reproduzir os seus pensamentos por escrito.

AGNOSIA – Etimologicamente, falta de conhecimento. Impossibilidade de obter informações por meio de um dos canais de recepção dos sentidos embora o órgão do sentido não esteja afetado. Ex: a agnosia auditiva é a incapacidade de reconhecer ou interpretar um som mesmo quando é ouvido. Assim um indivíduo pode ouvir mas não reconhecer a campainha do telefone. No campo médico está associada com uma deficiência neurológica do sistema nervoso central.

ALEXIA – Perda da capacidade de leitura de letras manuscritas ou impressas.

ANEURAL – Classifica-se aneural uma função que não é condicionada pelo sistema nervoso, em particular entre as que, como funções motoras são habitualmente registradas por ações nervosas. As primeiras manifestações da motilidade fetal são aneurais.

ANGIOMATOSE ENCEFALOTRIGEMINAL (ou Síndrome de Sturgeweber) – Caracteriza-se por uma angiomatose cutânea, ao lado de manifestações oculares e centrais e de sinais radiológicos.

ANGIOMATOSE RETINOCEREBELOSA (ou Síndrome de Hippel-Lindau) – Se caracteriza pela presença de uma angiomatose retiniana, geralmente unilateral, por uma angiomatose do cerebelo, que produz sintomatologia cerebelar e, às vezes, por sinais de hipertensão intracraniana.

ANOMIA - Impossibilidade de designar ou lembra-se de palavras ou nomes dos objetos.

ANOXIA – Diminuição da quantidade de oxigênio existente no sangue.

APNÉIA – Paragem voluntária dos movimentos respiratórios; retenção da respiração.

APRAXIA – Impossibilidade de resposta motora na realização de movimentos com uma finalidade (movimentos voluntários). Ex: uma pessoa que não pode realizar os movimentos necessários, apesar de conhecer a palavra e não ter qualquer paralisia.

ATAXIA – Dificuldade de equilíbrio e de coordenação dos movimentos voluntários.

ATETÓSTICO – Indivíduo afetado por uma forma de paralisia cerebral caracterizada por lentidão e repetição dos movimentos dos braços e das pernas, associados a adiadococinesias, dismetrias, sincinesias e mímicas faciais inexpressivas.

ATONIA – Inexistência de tonicidade.

AUDIOGRAMA – Registro gráfico da acuidade auditiva.

AUTISMO – Crianças que tem inaptidão para estabelecer relações normais com o outro; um atraso na aquisição da linguagem e, quando ela se desenvolve, uma incapacidade de lhe dar um valor de comunicação. Essas crianças apresentam igualmente estereotipias gestuais, uma necessidade imperiosa de manter imutável seu material, ainda que dêem provas de uma memória freqüentemente notável.

CATATONIA – Síndrome complexa em que o indivíduo se mantêm numa dada posição ou continua sempre o mesmo gesto sem parar. Persistência de atitudes corporais, sem sinais de fadiga.

CENESTESIA – Impressão geral resultante de um conjunto de sensações internas caracterizado essencialmente por bem-estar ou mal-estar.

CINESTESIA – Sensações internas (dos músculos, dos ligamentos) que informam sobre os deslocamentos no espaço dos diferentes elementos corporais.

CLÔNICO – Estado que se segue à contração muscular tônica (espasmo) na crise epiléptica e caracteriza-se pela convulsão. Estado do músculo caracterizado por contrações rápidas e involuntárias.

COGNIÇÃO – O ato ou processo de conhecimento. As várias aptidões do processo de conhecimento são sinônimas de aptidões cognitivas.

COMPLETAMENTO (CLOSURE) – Capacidade de reconhecer o aspecto global (ou Gestalt) especialmente quando uma ou mais partes do todo está ausente ou quando a continuidade é interrompida por intervalos.

COORDENAÇÃO (OU ADAPTAÇÃO SENSORIOMOTORA) – Coordenação das sensações e dos gestos para realizar um ato completo e determinado.

CORPOREIDADE – Corpo vivido na sua totalidade, na sua unidade.

DECIBEL – Medida relativa da intensidade dos sons. O decibel zero representa a audição normal.

DEFICIÊNCIA AUDITIVA – Qualquer problema que ocorra em alguma das partes do ouvido pode causar uma deficiência na audição. Deficiência auditiva é o nome usado para indicar uma perda de audição, ou seja, uma diminuição na capacidade de escutar os sons. Sendo assim, o indivíduo só é considerado D.A. se a perda for diagnosticada nos dois ouvidos. Causas adquiridas:
Tampões de cera, ccrpos estranhos, obstrução da Trompa de Eustáquio, otites, perfuração Timpânica,

envelhecimento a partir dos 50 anos, traumatismo, intoxicações (uréia, colesterol, ácido úrico, etc.), doenças infecciosas (febre, sífilis, caxumba, sarampo), distúrbios glandulares, deficiência de vitamina D.

DEFICIÊNCIA FÍSICA – É a disfunção ou interrupção dos movimentos de um ou mais membros: superiores, inferiores ou ambos e conforme o grau do comprometimento ou tipo de acometimento fala-se em paralisa ou paresia (movimento limitado ou fraco).

DEFICIÊNCIA MENTAL – A deficiência mental (DM) é definida pela Associação Americana de Desenvolvimento Mental 1990: como "a condição na qual o cérebro (órgão essencial para a aprendizagem) está impedido de atingir um desenvolvimento adequado dificultando a aprendizagem no individuo, privando-o de ajustamento social". Causas:
Genética; déficits orgânicos de origem ambiental; Funções das condições orgânicas.

DEFICIÊNCIA MÚLTIPLA – Surdo-cegueira é uma deficiência única, que apresenta a perda da audição e visão de tal forma que a combinação das duas deficiências impossibilita o uso dos sentidos de distancia, cria necessidades especiais de comunicação, causa extrema dificuldade na conquista de metas educacionais, vocacionais, recreativas, sociais, para acessar informações e compreender o mundo que o cerca.

DIADOCOCINESIA – Dissociação, alternância e coordenação de movimentos, realizados por dois membros ou por dois segmentos corporais.

DIFICULDADES DE APRENDIZAGEM – Definição escrita e debatida por 15 especialistas: Deficiências mais significativas são definidas em termos de diagnóstico educacional e psicológico; A D.A. é uma desarmonia evolutiva, normalmente caracterizada por uma imaturidade psicomotora que inclui perturbações nos processos receptivos, integrativos e expressivos da atividade simbólica.

DIFICULDADES BINOCULARES – Dificuldades de controle funcional dos dois olhos que originam perturbações visuais.

DIPLEGIA – Paralisia bilateral afetando ambos os membros do corpo.

DISARTRIA – Dificuldade na articulação de palavras devido a disfunções cerebrais.

DISCALCULIA – Dificuldade para a realização de operações matemáticas usualmente ligada a uma disfunção neurológica, lesão cerebral, assomatognosias, agnosias digitais e deficiente estruturação espaço-temporal.

DISGENESIAS DAS COMISSURAS INTER-HEMISFÉRICAS – A agenesia do corpo caloso se caracteriza por distúrbios psicomotores, ou puramente motores (hemiplegia ou diplegia), e por um atraso intelectual marcante, com ou sem crises epiléticas.

DISGNOSIA – Perturbação cerebral comportando uma má percepção visual das formas.

DISGRAFIA – Escrita manual extremamente pobre ou dificuldades de realização dos movimentos motores necessários à escrita. Esta condição está muitas vezes ligada a disfunções neurológicas. É uma forma de dispraxia.

DISLEXIA – Mesmo com todas as dificuldades que a dislexia pode trazer para a vida escolar, é possível controlar o problema. O grau da doença varia muito e os sinais costumam ser inconstantes. Características:
A criança é inteligente e criativa porém tem dificuldade em leitura, escrita e soletração. Aprende mais facilmente fazendo experimentos, observações e usando recursos visuais. Lê repetidas vezes sem entender o texto. Tem dificuldades em colocar os pensamentos em palavras. Pode ser ambidestro. Com freqüência confunde direita e esquerda ou acima e abaixo. Faz exercícios de aritmética, mas difícil problema com enunciados. Excelente memória a longo prazo para experiências, lugares e rostos.

DISPNÉIA – Dificuldade em respirar.

DISORTOGRAFIA – Dificuldade na expressão da linguagem escrita, revelada por fraseologia incorretamente construída, normalmente associada a atrasos na compreensão e na expressão da linguagem escrita.

DISTROFIA MUSCULAR – Uma das doenças primárias do músculo, caracterizada pelo ultra-enfraquecimento e atrofia dos músculos esqueléticos que tende a aumentar as dificuldades de coordenação e que tende a uma deformação progressiva.

DOMINÂNCIA CEREBRAL – Diz respeito ao

controle cerebral das atividades e das condutas, considerando um hemisfério (esquerdo) o dominante em relação ou outro (direito). O esquerdo controla as funções verbais e a função da linguagem. O direito controla as funções não verbais e as gnoso-espaciais.

ECOLALIA – Imitação de palavras ou frase ditas por outra pessoa, sem a compreensão do significado da palavra.

ECOPRAXIA – Repetição de gestos e praxias.

EDUCAÇÃO PSICOMOTORA – Ação pedagógica e psicológica que utiliza a atividade corporal, com o objetivo de normalizar ou melhorar o comportamento da criança.

EGOCENTRISMO – Ausência de distinção entre a realidade pessoal e a realidade objetiva. É uma atividade psicológica normal na criança pequena.

ELETROENCEFALOGRAMA (EEG) – Registro gráfico da atividade elétrica do cérebro.

EMPÁTICA (COMPREENSÃO) – Compreender e compartilhar os sentimentos do outro.

ENDÓGENO – Diz-se da condição ou defeito resultantes da hereditariedade ou de fatores genéticos.

EPILEPSIA – Nome dado a um grupo de doenças nervosas caracterizadas principalmente por convulsão de várias formas e graus.

ESPÁSTICO – Indivíduo afetado por tensão

excessiva nos músculos com aumento de resistência à flexão ou à extensão como nos casos de paralisia cerebral.

ESQUEMA CORPORAL – Organização das sensações relativas a seu próprio corpo, relacionadas com os dados do mundo exterior (utilização da imagem do corpo).

ESTEREÓTIPO – Coordenação de movimentos obtida pelo hábito ou pelo treinamento. Um movimento estereotipado é rígido, portanto o contrario do ajustamento dos gestos e dos atos.

ESTRUTURAÇÃO ESPAÇO-TEMPORAL – Apreensão das estruturas espaciais e temporais.

ETIOLOGIA – Estudo das causas ou origens de uma condição ou doenças.

EUTONIA – estado de tensão harmonia que caracteriza a vigilância muscular e a dinamogenia do indivíduo.

EXÓGENO – Diz-se da condição ou defeito resultantes de outros fatores além de hereditários ou genéticos (tais como ambiente sócio-cultural e sócio-econômiico ou traumatismo).

GNOSIA – Conhecimento, noção e função de um objeto. Segundo Pieron toda percepção é uma gnosia.

HEMIPLEGIA – Paralisia referente a um só lado.

HIDROCEFALIAS – É a acumulação anormal do líquido cefalorraquidiano, seja nos ventrículos (hidrocefalia interna), seja nos espaços subaracnóides (hidrocefalia externa). Podem ter duas origens: por hipersecreção intraventricular com aumento primitivo da massa de líquido, ou por uma retração extrínseca, devida a uma atrofia do pálium.

HIPERCINESIA – Movimento e atividade motora e constante e excessiva. Também designada por hiperatividade.

HIPERTONIA – Estado no qual a musculatura apresenta, em relação a um grau médio considerado normal, um aumento de tônus, apreciável por diferentes testes clínicos entre os quais os de extensibilidade. Também associada a uma hipoextensibilidade.

HIPOTONIA – Estado no qual a musculatura apresenta, em relação a um grau médio considerado normal, uma diminuição do tônus associada à hiperextensibilidade e à labilidade neurovegetativa.

IMAGEM DO CORPO – Conjunto das sensações concernentes ao próprio corpo.

INTERNEUROSSENSORIAL – Inter-relação funcional de duas ou mais modalidades sensoriais (Ex: visão com audição, visão com sentido tatilcinestésico).

INTRANEUROSSENSORIAL – Inter-relação funcional comportando apenas uma modalidade sensorial (Ex: só visão ou só audição).

LATERALIDADE – Dominância funcional, direita ou esquerda, da mão, do olho ou do pé.

LEIS DA MATURAÇÃO NEUROMOTORA – 1 - Céfalo-caudal – o desenvolvimento estende-se através do corpo, a partir da cabeça até a cauda. Da 1ª vértebra (atlas) às últimas vértebras coccégas. 2 - Próximo-distal – o desenvolvimento motor vai das articulações proximais (ombro) para as articulações distais (mão).

LESÃO DO CÉREBRO – Lesão que se pode verificar antes, durante ou depois do nascimento do individuo, provocada por traumatismo ou inflamação, etc. Como conseqüência podem surgir perturbações que impeçam o processo normal de aprendizagem.

MACROCEFALIAS OU MEGALOCEFALIAS – Caracterizam-se pelo aumento de peso do cérebro e pode ser avaliada pela circunferência da cabeça, uma vez eliminada a hidrocefalia.

MATURAÇÃO NERVOSA – Mielinização progressiva das fibras nervosas associadas ao desenvolvimento funcional.

MEMÓRIA – Capacidade de reter ou armazenar experiência anterior. Mesmo quando o estímulo não se encontre presente, a memória permite a evocação duma possível resposta. Também designada como "imagem" ou "lembrança".

MICROCEFALIAS – Implicam em deficiência mental com atraso no desenvolvimento da linguagem, associada a transtornos na marcha, uma certa espasticidade e, freqüentemente, crises epiléticas.

MODALIDADE SENSORIAL – Via por meio da

qual o indivíduo recebe informação do mundo exterior e que permite o processo de aprendizagem. As modalidade sensoriais de aprendizagem são: a visual, a auditiva, e a tatilcinestésica.

MONOPLEGIA – Paralisia de um membro do corpo.

NEUROMOTRICIDADE – Aspectos da motricidade relacionados com o sistema nervoso, sua maturação e suas perturbações. Educação das sensações e das percepções que levam ao conhecimento dos objetos e das relações entre eles.

ORGANIZAÇÃO ESPACIAL – Desenvolvimento das capacidades ligadas ao esquema corporal e à organização perceptiva para o domínio progressivo das relações espaciais.

ORGANIZAÇÃO PERCEPTIVA – Educação das sensações e das percepções que levam ao conhecimento dos objetos e das relações entre eles.

ORGANIZAÇÃO TEMPORAL – Desenvolvimento das capacidades de apreensão e de utilização dos dados do tempo imediato (tempo físico).

PARALISIA CEREBRAL OU DCO – Desordem permanente, mas não imutável o que exclui toda patologia oriunda do sistema nervoso ou musculatura em caracter progressivo, ainda reconhecendo a variação que a "incapacitação" motora pode sofrer. Causas:
Fatores perinatais: fatores intraparto, parto pélvico prolongado, traumatismo de parto.
Fatores pós-natais: fatores virais e/ou bacteriológicos; traumatismos.
Fatores pré-natais: alcoolismo da mãe, infecções

virais: Rubéola, Toxoplasmose, hemorragias em gravidez adiantada.

PARATONIA – Perturbação do tônus muscular (debilidade motora) consistindo principalmente numa dificuldade do relaxamento voluntário. Incapacidade de relaxamento da musculatura. Parece que se trata mais de uma incapacidade maior ou menor da inibição voluntária do tônus do que uma anomalia do tônus muscular.

PERCEPÇÃO – Processo de organização e interpretação dos dados que são obtidos através dos sentidos.

PERCEPTIVO-MOTORA (ADAPTAÇÃO)– Harmonia entre as percepções (auditivas, visuais...) e ações sucessivas. Sinônimo: sincronização sensoriomotora.

POLIOMIELITE – Doença viral caracterizada por envolvimento do sistema nervoso central, resultado muitas vezes numa paralisia.

PRAXIA – Movimento intencional organizado, tendo em vista a obtenção de um fim ou de um resultado determinado. Não é um movimento reflexo, nem automático; é um movimento voluntário, consciente, intencional, organizado, inibido, isto é, humanizado, sujeito portanto a um planejamento cortical e a um sistema de auto-regulação.

PROPRIOCEPTIVO – Sistema sensorial resultante da atividade de receptores localizados ao nível do músculo (fuso neuromuscular) do tendão (corpúsculos de Golgi) e do labirinto, e que fornecem informações referentes à posição e ao movimento dos membros do corpo.

PSICOMOTRICIDADE – Interação das diferentes funções motoras e psíquicas.

PSICOCINÉTICA – Método geral de educação que utiliza como material pedagógico o movimento humano, em todas as suas formas. (Le Boulch)

RELAXAÇÃO - Meio de intervenção terapêutica que visa à pacificação das tensões, através da libertação plena e total da pessoa humana, e a independência face às perturbações interiores que se materializam pelo aumento da tonicidade. Visa o afinamento psicotônico e a unificação psicossomática, através de situações de autodescontração concentrativa.

SENSIBILIDADE PROPRIOCEPTIVA – Informações recolhidas pelos órgãos dos sentidos sobre as atitudes, os movimentos que permitem a postura e o ajustamento dos atos.

SENSÓRIO-MOTOR – Termo aplicado para explicar a natureza dos atos que se encontram dependentes da combinação ou da função integrativa entre os sistemas sensoriais e as estruturas motoras.

SINCINESIA – Tendência patológica para a execução simétrica de qualquer movimento, de qualquer contração muscular que executa um membro (a mão em geral) sem que a associação possua um significado funcional. (Sincinesias de reprodução e sincinesias tônicas). Movimentos involuntários e muitas vezes inconscientes que se produzem durante outros movimentos geralmente voluntários e conscientes; estes movimentos correspondem a uma dada incitação e difusão tônica e são sempre idênticos para a mesma incitação.

SÍNDROME DE ASPERGER – A presença das três categorias de disfunção: relacionamento social, uso da linguagem para a comunicação e certas características de comportamento e estilo envolvendo características repetitivas ou perseverativas sobre um número limitado, porém intenso, de interesses, que pode variar de relativamente amena a severa, que clinicamente define toda as desordens pervasivas de desenvolvimento, de síndrome de Asperger até o autismo clássico. Fatores genéticos parecem ser mais comuns em Aspergers que no autismo clássico. Dados disponíveis sugerem que, comparados a outras formas de autismo, crianças com Asperger são mais aptas a crescer e ser adultos independentes em termos de emprego, casamento, família, etc.

SÍNDROME DE BARDET-BIEDL – Que compreende uma retinopatia pigmentarias, anomalias das extremidades, obesidade precoce e importante, hipogenitalismo, distrofias cefálicas freqüentes e deficiência mental.

SÍNDROME DE BIEMOND – Associa um coloboma iridiano, anomalias dos dedos das mãos e dos pés, nanismo e infantilismo genital, com atraso mental mais ou menos acentuado.

SÍNDROME DE PRADER-WILLY – Síndrome de natureza genética e que inclui baixa estatura, retardo mental ou transtorno de aprendizagem, desenvolvimento sexual incompleto, problemas de comportamento característicos, baixo tono muscular e uma necessidade involuntária de comer constantemente, a qual, unida a uma necessidade de calorias reduzida, leva invariavelmente à obesidade. É um problema congênito associado à um tipo de retardo mental. Comem sem parar. Parece estar relacionado com um mau funcionamento do hipotálamo.

SÍNDROME DE RETT – Desordem neurológica que provoca estagnação no desenvolvimento físico e mental. Aos poucos, a criança deixa de andar, falar, brincar, manipular objetos, faz movimentos estereotipados e repetitivos com as mãos, surgindo em seguida a perda das habilidades manuais. Estas meninas se desenvolvem de forma aparentemente normal entre oito e doze meses, depois começa a mudar o padrão de desenvolvimento. Causa: Pesquisas sugerem que a causa seja a mutação no braço do cromossomo "X" paterno, transmitindo apenas aos filhos do sexo feminino.

SÍNDROME DE WILLIAMS – Algumas características são particularmente comuns nas crianças portadoras da SW: grande sociabilidade, entusiasmo exuberante, grande sensibilidade com as emoções alheias; sentem-se excessivamente a vontade com estranhos; pequeno intervalo de atenção; memória excelente para pessoas, nomes e locais; grande sensibilidade aos sons e ansiedade (especialmente com acontecimentos futuros); medo de alturas; escadas e superfícies irregulares com areia, tapetes e a relva; preocupação excessiva com determinados assuntos ou objetos. Fala demais. A SW é uma doença que cursa com alterações vasculares, problemas cardiovasculares, particularmente estenose aórtica supravalvular, anomalias do tecido conjuntivo, hipercalcemia e retardo mental, associado a comportamento hipersocial e loquaz.

SÍNDROME DO CRI DU CHAT (grito do gato-francês) – É uma desordem genética causada pela perda de material genético do braço curto do cromossomo 5. É também chamado de miado do gato, pois o choro característico dos bebês portadores da síndrome muito parecido com o miado de um gatinho.

SINERGIA – Atuação coordenada ou harmoniosa de sistemas ou de estruturas neurológicas de comportamento.

SINCRETISMO – Forma de percepção e de pensamento caracterizada por uma apreensão global, indiferenciada, indistinta (H. Pieron)

SOMATOGNOSIA – Traduz a relação dialética da atividade corporal e do reconhecimento da sua estrutura e posição postural (atitude-movimento). Trata-se do conhecimento do corpo, por meio de uma sensibilidade integrada e permanentemente mobilizada no sentido da ação intencional (praxia). Antes de mobilizar o corpo para a ação o ser humano necessita de uma representação mental integrada da totalidade sensorial e espacializada do seu eu, que lhe é fornecida pelas esferas sensoriais vestíbulo-cinestésicas, tátilo-visuais e artro-miológicas, que no seu todo constituem a somatognosia.

TDAH (transtorno de *deficit* de atenção hiperatividade) – O TDAH interfere na habilidade da pessoa de manter a atenção – especialmente em tarefas repetitivas – de controlar adequadamente as emoções e o nível de atividade de enfrentar conseqüências consistentemente e, na habilidade de controle e inibição. As características do TDAH

aparecem bem cedo para a maioria das pessoas, logo na primeira infância. Causa:
A responsabilidade sobre a causa geralmente recai sobre toxinas. problemas no desenvolvimento, alimentação, ferimentos ou malformação, problemas familiares e hereditariedade. Essas possíveis causas afetam o funcionamento do cérebro e, como tal, o TDAH pode ser considerado em distúrbio funcional do cérebro.

TÔNUS MUSCULAR – Estado de tensão ativa e involuntária do músculo. É o tunus muscular que permite manter a postura ereta.

TOPOLÓGICAS (RELAÇÕES) – Relações entre os objetos no espaço.

TRISSOMIA 13 – A criança com trissomia 13 é um deficiente mental em alto grau.

TRISSOMIA 18 – O retardo mental e motor é considerável; está associado a uma hipotrofia e a diversas malformações: escafocefalia e microrretrognatismo; pés deformados em "piolet", malformações cardíacas, renais e digestivas.

TRISSOMIA 21 – Síndrome de Down, faz parte do grupo de encefalopatias não progressivas, isto é, que à medida que o tempo passa não mostram acentuação da lentidão do desenvolvimento, nem o agente da doença se torna mais grave.

VISÃO – Sistema de identificação, discriminação e integração dos estímulos luminosos.

VIVIDO (CORPORAL) – Consciência das sensações ligadas ao próprio corpo, com ou sem deslocamento segmentares, experimentadas por um sujeito em qualquer situação.

Conheça também da Wak Editora

50 Dinâmicas no Enfoque Holístico – Eliane Porangaba Costa

Adolescência, Escola e Prevenção –
Lúcia Fonseca Araujo e D´mare Carvalho

Afetividade na Prática Pedagógica – Eugênio Cunha

Afeto e Aprendizagem – Eugênio Cunha

Afetividade & Inteligência – Cláudio Saltini

Alfabetização e Formação de Professores – Carmen Sanches Sampaio

Ana e o Dr. Finkelstein – Lúcio Packter

Arteterapia: A transformação pessoal pelas imagens –
Maria C. Urrutigaray

Arteterapia em Revista – org. Angela Philippini

Arteterapia – métodos, projetos e processos – org. Angela Philippini

Arteterapia com Crianças – Vanessa Coutinho

Autismo, Linguagem e Educação – Sílvia E. Orrú

Autoridade dos Pais e Educação da Liberdade – Haim Grunspun

Bases da Psicopedagogia – Olívia Porto

Brincando na escola, no hospital, na rua... – Edda Bomtempo, Elsa G. Antunha e Vera B. de Oliveira (orgs.)

Brincar e Viver – Projetos em Educação Infantil – Ivanise Meyer

Brinquedoteca Hospitalar – org. Drauzio Viegas

Bruxas e Fadas Sapos e Príncipes – Luciana Pellegrini Baptista Silva (org.)

Ciclos em Revista Volumes 1, 2 e 3 – Andréa Rosana Fetzner (org.)

Como Aplicar a Psicomotricidade – Org. Fátima Alves

Competências e Habilidades – Org. Maria C. de Mello e Amélia E. A. Ribeiro

Contos de Fada – Adriana Medeiros e Sonia Branco

Contar Histórias com Arte – Aurora Ferreira

Criança e a Arte, A – o dia-a-dia na sala de aula – Aurora Ferreira

Criatividade em Arteterapia – Edna Chagas Christo / Graça M. D. Silva

De Professor a Educador – Maria Dolores Fortes Alves

Desenvolvimento da Escrita – Geraldo P. de Almeida

Distúrbios de Aprendizagem e de Comportamento – Lou de Olivier

Distúrbios Familiares – Lou de Olivier

Educação Ambiental Consciente – Carly Machado (org.)

Educação Ambiental Urbana – Vilson Carvalho

Educação e Psicanálise – Jane Patrícia Haddad

Educação Para a Paz – Carlos Velázquez Callado

Em Busca da Transformação – Waldir Pedro

Ensinar Brincando – Diva Maranhão

Ensinar é Acreditar – João Beauclair

Escola não é Circo, Professor não é Palhaço – Lilian Lima

Família e Aprendizagem –

Fabiani O. Portella e Ingrid S. Franceschini (orgs.)

Fazer Monografia é Moleza – José Abrantes

Filosofia Clínica e Educação – Monica Aiub

Fundamentos Biológicos da Educação – Marta Pires Relvas

Gestão Educacional – José do Prado Martins

História da Psicopedagogia e da ABPp – Maria Irene Maluf (org.)

Letramento – Maria Mello e Amélia Ribeiro (orgs.)

Manual Teen – Silvana Martani (org.)

Para Entender Psicopedagogia – João Beauclair

Produção de Textos – Geraldo P. de Almeida

Professor Acredite em Si Mesmo – Hamilton Werneck

Psicopedagogia – João Beauclair

Psicopedagogia e Arteterapia– Lou de Olivier

Psicopedagogia Hospitar – Olívia Porto

Técnicas de Dinâmica – Eliane Porangaba Costa

Vôo da Águia – Maria Dolores Fortes

wak editora

Acesse o *site*: www.wakeditora.com.br

e-mail: wakeditora@uol.com.br